教育部人文社会科学研究青年基金项目（基于多因素不确定环境下受扰航班恢复优化研究 编号：20YJC630135）资助出版

多因素不确定环境下受扰航班恢复与机场任务指派研究

田倩南　著

WUHAN UNIVERSITY PRESS
武汉大学出版社

图书在版编目(CIP)数据

多因素不确定环境下受扰航班恢复与机场任务指派研究/田倩南著.
—武汉:武汉大学出版社,2023.6
ISBN 978-7-307-23704-9

I.多⋯ Ⅱ.田⋯ Ⅲ.民用航空—航班—调整—研究 Ⅳ.F560.83

中国国家版本馆 CIP 数据核字(2023)第 062741 号

责任编辑:林 莉 责任校对:李孟潇 版式设计:韩闻锦

出版发行:**武汉大学出版社** (430072 武昌 珞珈山)
(电子邮箱:cbs22@ whu.edu.cn 网址:www.wdp.com.cn)
印刷:武汉邮科印务有限公司
开本:720×1000 1/16 印张:12.25 字数:188 千字 插页:1
版次:2023 年 6 月第 1 版 2023 年 6 月第 1 次印刷
ISBN 978-7-307-23704-9 定价:49.00 元

前　言

受扰航班恢复问题和机场任务指派问题属于航空调度中研究的重要问题，在现实中具有广泛的应用基础。现实情况存在的大量不确定因素和人们生活需求的日益多样化都增加了航空调度管理的难度。虽然航空调度有关问题已有了一系列研究成果，但是缺乏探讨对多因素不确定环境下的受扰航班恢复（Disrupted Flights Recovery Problem，DFRP）和机场任务指派问题（Airport Task Assignment Problem，ATAP）的研究。本书重点阐述了多因素不确定环境下受扰航班恢复和机场任务指派问题的建模和优化方法的研究。

其中，受扰航班恢复问题是指由于恶劣天气、飞机故障、机场关闭等外界条件的不确定性常常造成部分航班延误甚至取消，出现原航班计划不可行的情况，这就需要运营中心对原航班计划进行重新排列恢复飞机航线。受扰航班恢复问题属于大规模的整数规划问题，有实时性要求，其变量和约束条件复杂，目前能够满足航空公司实践需要的研究成果很少。而机场任务指派问题是指将具有特殊属性的任务指派给有限数量的班次，而任务的完成会产生相应的效益。由于机场任务和班次属性的多样性、约束条件的特殊性，使得此问题是一个复杂的组合优化问题，属于 NP-Hard 问题。基于以上问题的复杂性，本书分别从问题特性、模型建立、算法求解的角度进行深入研究。

第一，针对多因素不确定环境下受扰航班恢复问题，以恢复费用最小化为目标函数，采用一种改进的时空网络算法，给出占优准则，有效减少航班路线的组合数量，实现在时间上和空间上对飞机航线跟踪的同时还尽量考虑多种调度策略，包括航班延误、航班取消、维修取消、飞机交换以及最终机场飞机数量不平衡等惩罚措施。在改进的时空网络算法基础上建立数学优化模型并应用 CPLEX 优化软件进行求解，通过测试航空公司实际算例，表明本书提出的"ITSN"（Improved Time Space Network）算法可以迅速缩减解空间，CPLEX 优化软件可以在较短时间求得问题的解。

第二，针对阶段性机场容量限制对航班恢复的影响。机场作为航空调度过程中重要的组成部分，航空调度中的其他计划都是在机场正常运作为前提下完成的，对保证飞机安全着陆和正常操作方面起着重要作用。随着航空需求持续显著增长，航班量的迅速增长也增加了机场的任务量，而机场流量限制对航班运行起着重要影响，当遇到极端天气时，飞机的起降受到影响，频次也大幅下降。因此，阶段性机场流量控制的受扰航班恢复计划考虑了阶段性机场的流量约束。根据实际情况的监测以及大量历史数据（航班数据和机场流量变化数据）表明，在某一时间段内（由于天气或者机场自身因素），造成航班延误甚至取消的主要原因是该阶段内对机场的流量限制。而随着问题规模的增加，需要探讨新的求解算法。基于 Dantzig-Wolfe 分解原理，针对受扰航班恢复问题建立集合分割模型的受限制主问题（Restricted Linear Master Problem，RLMP）和最短路的子问题（Sub-Problem，SP），采用列生成算法进行求解，为了减少主问题与子问题之间的迭代次数，提高算法的求解效率，通过分析问题的特征，针对该问题的特征构造好的初始解，基于该初始解调用 CPLEX 优化软件对主问题进行求解，获得主问题约束条件的对偶变量，这些对偶变量作为简约成本的系数传到子问题的目标函数中。其次，子问题的目标是求解最短路，即"带有负权、有附加约束的最短路"，由于问题的复杂性，采用一般的动态规划算法求解具有一定难度，采用 Multi-Label-Setting Algorithm 求解子问题。最后通过对多种规模算例的测试验证所提出算法的正确性及效果，也验证了该算法求解此问题的良好表现及优势。

第三，对受扰航班进行恢复时，在可恢复航线计划的基础上，要求总成本最小化获得优化后的航班恢复计划，但是在实际运营中仍会出现临时性突发事件（恢复计划完成到实际执行期间），为了缩减波及范围（航线上航班的延误或取消会波及其他航班计划），即减少对整个恢复计划的影响，需要利用飞机航班间的"空档"来及时处理这样的突发事件。因此，在恢复的过程中安排飞机执行航班时创造适当长度的"空档"，这样可以利用有足够长"空档"的飞机来应对临时性的突发事件，降低航空公司和旅客的经济损失。在实验部分，结合算例进行分析对比。

第四，针对多因素分析机场任务指派问题的优化方案研究，基于问题的特征以产生效益最大化为目标，满足任务与班次之间各种约束建立了整数规划模型。并用 CPLEX 优化软件对此模型进行求解。基于 Dantzig-Wolfe 分解原理把原问题分解为集合分割模型的主问题和求最短路的子问题。采用分支定价算法（列生成算法和分支定界算法的结合）对分解后的问题精确求解。另外，为了加速列生成算法中子问题的求解速度，提出了先用启发式算法对子问题求解，获得一些高质量的列将其加入主问题中，当启发式算法求解失败时，再采用 Label Setting Algorithm 对子问题精确求解并根据最优性判别定理判断当前解是否为最优解。在实验部分，结合实际数据对本文建立的模型和提出的算法进行验证分析，同时对影响目标函数值的四个因素：任务数量、班次数量、任务属性和班次工作时长分别进行测试，并对测试结果进行分析总结。

第五，随着淡旺季不同以及临时突发状态的发生，机场会出现在某一时间段内任务量剧增而人员严重不足的情况。在该背景下，研究了考虑任务部分覆盖率、资格匹配度等多因素的机场任务指派问题，以效益最大化和资格精通程度差总和最小化为目标，构建了多目标整数规划模型，设计了改进的多目标文化基因算法，并引入基于 Pareto 等级和拥挤度距离的种群选择操作，解决多目标优化问题中目标间的矛盾。在求解过程中，采用实际数据进行测试，并且针对覆盖率高低、班次工作时长等参数进行灵敏度分析。

作　者

2023 年 1 月

目　　录

第1章 绪　　论

1.1　研究背景

1.1.1　中国民航业的发展

几十年来，中国经济的持续快速发展使得中国航空运输业得到了快速发展。截至 2020 年底，我国国内运输机场（不含香港、澳门和台湾地区）241个。2020 年，我国境内运输机场（不含香港、澳门和台湾地区）共有 241个，其中定期航班通航机场 240 个，永州零陵机场临时停航，年内定期航班新通航机场有广西玉林福绵机场、新疆于田万方机场、重庆仙女山机场。2020 年，全行业明确了"保安全运行、保应急运输、保风险可控、保精细施策"的防控工作要求，准确把握疫情形势变化，科学决策，创造性应对，因时因势精准施策，统筹推进疫情防控和安全发展，中国民航在全球率先触底反弹，国内航空运输市场成为全球恢复最快、运行最好的航空市场。

我国机场在做好常态化疫情防的同时，积极实施"客货并举"发展战略，多方联系运力，优化航线网络，实现生产运输快速恢复。根据《2020 年民航业发展统计公报》①，2020 年，全行业完成运输总周转量 798.51 亿吨公里，

---

① 《2020 年民航业发展统计公报》［EB/OL］.（2021-06-10）［2021-10-12］. http：//www. gov. cn/xinwen/2021-06/10/content_5616880. htm.

1

较上年下降 38.3%（见图 1.1）；旅客周转量 6311.28 亿人公里，较上年下降 46.1%（见图 1.2），货邮周转量 240.20 亿吨公里，较上年下降 8.7%（见图 1.3）。客运市场方面，完成旅客运输量 41777.82 万人次。货运市场方面，完成货邮运输量 676.61 万吨。全行业运输航空公司完成运输飞行小时 876.22 万小时、运输起飞架次 371.09 万架次。

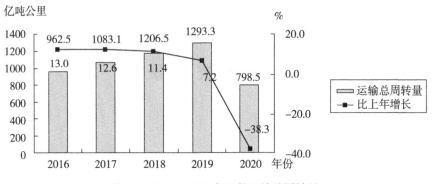

图 1.1　2016—2020 年民航运输总周转量

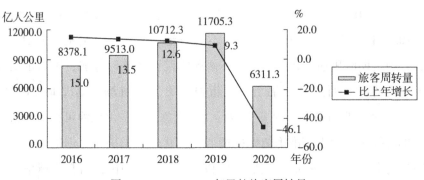

图 1.2　2016—2020 年民航旅客周转量

截至 2020 年底，我国共有运输航空公司 64 家、运输飞机 3903 架、定期航班航线 5581 条。2020 年，定期航班国内通航城市（或地区）237 个（不含香港、澳门、台湾），我国航空公司国际定期航班通航 62 个国家的 153 个城市。全行业在册运输飞机平均日利用率为 6.49 小时，正班客座率平均为 72.9%。2020 年，全行业全年新开工、续建机场项目 114 个。全国民航运输

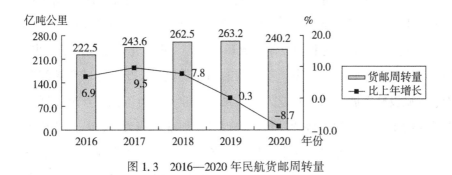

图 1.3 2016—2020 年民航货邮周转量

机场完成旅客吞吐量 8.57 亿人次、货邮吞吐量 1607.49 万吨、起降架次 904.92 万架次。

在通用航空领域，截至 2020 年底，获得通用航空经营许可证的通用航空企业 523 家，通用航空在册航空器总数达到 2892 架。2020 年，新增通用机场 93 个，全国在册管理的通用机场数量达到 339 个，全行业完成通用航空生产飞行 98.40 万小时。截至 2020 年底，全行业无人机拥有者注册用户约 55.8 万个，注册无人机共 51.7 万架，无人机有效驾驶员执照达到 88994 本。2020 年，参与民航局无人机云交换系统的无人机飞行小时共有 183 万小时。与此同时，全国客运航空公司共执行航班 352.06 万班次，其中，正常航班 311.64 万班次，平均航班正常率为 88.52%。截至 2020 年底，233 个机场和主要航空公司可实现"无纸化"出行；39 家千万级机场国内旅客平均自助值机比例达 72.2%；在 8 家航空公司、29 家机场开展跨航司行李直挂试点；20 家航空公司的 654 架飞机能够为旅客提供客舱网络服务，其中，11 家航空公司的 213 架飞机同时具备了空中接入互联网能力；航空货运电子运单使用达到 182.16 万票；12326 民航服务质量监督电话开通，国内航空公司投诉响应率达 100%。

在节能减排领域，2020 年，中国民航吨公里油耗为 0.316 公斤，较 2005 年（行业节能减排目标基年）下降 7.1%。共有 28.97 万架次航班使用临时航路，缩短飞行距离 1232 万公里，节省燃油消耗 6.65 万吨，减少二氧化碳排放约 20.95 万吨。

2012 年国务院发布的《关于促进民航业发展的若干意见》① 指出：改革开放以来，我国民航业快速发展，行业规模不断扩大，服务能力逐步提升，安全水平显著提高，为我国改革开放和社会主义现代化建设作出了突出贡献。但当前民航业发展中不平衡、不协调的问题仍较为突出，空域资源配置不合理、基础设施发展较慢、专业人才不足、企业竞争力不强、管理体制有待理顺等制约了民航业的可持续发展。为促进民航业健康发展，从总体要求、主要任务、政策措施等方面要求各地区、各部门要充分认识促进民航业发展的重要意义，进一步统一思想，提高认识，扎实工作，采取切实措施落实本意见提出的各项任务，积极协调解决民航业发展中的重大问题，共同开创民航业科学发展的新局面。

1.1.2　航班计划及航班不正常相关介绍

飞机的航班计划是由飞机所属航空公司提出、规定正班飞行的航线、机型、班次和班期时刻的计划，是编制航站计划和航线计划的重要基础，也是组织日常生产活动的主要依据，以班期时刻表的形式对外公布。

正班飞行是按照对外公布的班期时刻表进行的航班飞行。在我国，正班飞行完成的周转量、运输量、大约占到全部航空运输周转量、运输量的 90% 左右。正班飞行的航线、机型、班次和班期时刻，实际上就是航空公司向社会承诺提供的航空运输服务产品，从这个意义上说，航班计划是航空公司最重要的生产作业计划，是组织与协调航空运输生产活动的基本依据。从飞机调配、空勤组排班、到座位销售、地面运输服务组织，航空公司运输生产过程的各个环节，都要依据航班计划进行组织与安排。科学地制订航班计划，有效的执行航班计划，是保证航空运输生产正常进行，近而实现企业发展目标的重要环节。另外，航班计划是航空公司在整个航线网络上对所有航班进行设计和优化的过程，完整的航班计划包含航线、航班（航班号、起降时刻、

---

① 国务院关于促进民航业发展的若干意见 ［EB/OL］. （2012-07-08）［2014-07-12］. http：//www.gov.cn/zwgk/2012-07/12/content_2181497.htm.

起降机场等信息)、班期(某航班在周期内的哪几天被执行)、班次(每个航线上有多少航班)、机型(飞机型号)等信息,它是航空公司运营活动的基础,也是航空公司整个运营计划的核心,飞机排班、机组人员排班等都是在此基础上展开的。由于航班恢复问题是一个非常复杂的实时优化问题,其解空间随着飞机和航班数量的增加而呈指数型增加,问题约束多,模型结构复杂,属于非确定性多项式时间难问题。

航空运输是一种重要的现代化交通运输方式,在国民经济生产生活中发挥着巨大作用。随着航空运输市场的快速发展,航空工业在社会和经济体系中扮演着越来越重要的角色(Berrittella 等,2009)。据国际航空运输协会(International Air Transport Association, IATA)预测,到 2035 年全球航空客运量将达 72 亿人次,客运需求年均增长率将达到 3.7%,亚太地区将成为推动航空需求增长的最大动力;2024 年,中国将成为全球最大的航空市场。2019 年全球航空业的旅客总量为 45.8 亿人次,比 2018 年增长 6%,其中中国旅客运输量 6.6 亿人次,同比增长 7.9%,然而航班的整体到港准点率只有 75.62%,到达平均延误时长 15.89 分钟,航空运输量与航班数量的持续上升,反映了我国航空运输业的快速发展,同时也为机场的资源调度和航班保障服务带来了巨大的挑战(资料来源:《2019 年民航行业发展统计公报》)。

航空公司现有的航班计划一般是在外界环境确定的条件下建立的,但是从航班计划最初确定完成到实际执行过程中,需求变化会导致机型指派不合理;恶劣天气、保障不力、流量控制等各种扰动会导致执行时间与计划时间产生或大或小的偏差,容易出现航班晚点、大面积延误甚至航班取消的情景。比如 2019 年我国主要航空公司(全年航班量排名前十的航司)共执行航班 330.47 万班次,其中正常航班 269.11 万班次,平均航班正常率只有 81.43%,据估算,我国民航业由于各种因素导致的延误每年带来的总经济损失不少于 500 亿元人民币(民航资源网)。

然而随着民航进一步与综合交通深度融合,其旅客周转量在综合交通运输体系中占比达 32.8%,同比提升 1.5%,与其他运输行业相比,航空运输具有速度快、效率高、覆盖范围广等多种优势,与此同时也容易受各种因素的影响而产生延误。表 1.1、表 1.2 和表 1.3 分别给出了 2018 年、2019 年和

2020 年航班不正常原因分类统计情况。影响航班延误甚至取消的原因有很多，主要包含以下几种：天气原因、航空公司原因、空管原因以及其他因素。

1. 天气原因

影响航班飞行的天气状况分为多种：出发地机场的天气情况、目的地机场的天气情况、飞行航线上的天气情况、机组状况（机组的技术等级）、飞机状况（飞机所属的机型对气象状况的最低安全标准），以及因为恶劣天气（暴雨、暴雪、冰雹等）导致的后续状况（主要是指机场导航设备受损、跑道结冰或者积水等情况）。

2. 空管原因

空中交通流量控制是指用来调整进入指定区域、沿指定航线或飞向指定机场的飞行量，保证对有限空间最有效利用的措施。一般是由民航的空中交通管制部门实施，主要是由天气、军方、特情等引起的。它是用来疏通空中交通流量、保障航空安全的一个极其有效的办法[3]。

一般来说，天气原因和空管原因容易导致大面积的航班延误，它不是针对某些飞机或者航班，而是发生在某些机场，那么这些机场在该时段内的所有航班都会受到影响。即使恶劣天气或者流量控制持续的时间短，则干扰时间窗口会很短，但是仍会导致后续的航班不正常现象严重。

3. 航空公司原因

航空公司自身原因主要包括：公司计划、工程机务、飞机调配、空勤人员，以及运输服务等。

（1）公司计划原因。由于航空公司在安排航班计划时的计划过站时间不够，或者由于各方面原因调整航班计划而导致的航班的不正常现象，都属于公司计划原因。

（2）工程机务原因。工程机务是指由于飞机在执行航班任务的过程中出现机械故障，机务人员按照标准维修程序对飞机进行必要的检查、判断于分析，然后排除故障。故障排除后，根据要求还需要再填写相关的维修记录，并进行一定的测试工作，以确保故障的完全修复。整个排除故障过程，需要一定的时间完成，以保证旅客的飞行安全。这样势必会导致航班出现延误的情况，进而导致航班不正常现象的发生。

（3）飞机调配原因。所有其他干扰因素引起的不正常航班的后续航班，民航局都统计为飞机晚到。飞机晚到后，航空公司对航班或者运力进行调整而导致的相关航班的延误或取消都称为飞机调配原因。

（4）空勤人员原因。由于各种原因导致的航班计划发生改变，而导致机组飞行超时或者到达要求休息的时间，则该机组就不允许继续飞行。如果没有替换机组，那么该航班就会被取消。

（5）运输服务原因。运输服务原因是指因航空公司在安排旅客上下飞机、行李托运、地面服务的组织管理等方面出现问题而导致飞机不能按原时刻表起飞、航班不能按时出港等不正常现象。

从表1.1、表1.2和表1.3的航班不正常原因分类统计可以看出，航空公司自身原因倒是航班不正常都属于局部现象，一般不会牵扯到整个机场的运作情况，但是这对航空公司利益以及旅客利益的影响还是比较大的。不同原因导致的航班不正常现象的规模和特性是不一样的，当然所采取的航班回复措施也就相应的有所不同。但是航班计划作为航空公司生存的根本，是航空公司一切活动的基础和核心，其高效与否直接影响航空公司的正常运行及经济效益，对航空公司未来的发展起了决定作用。

表 1.1   **2018 年航班不正常原因分类统计**

年份\指标	2018 年	
	占全部比例	比上年增减：百分点
全部航空公司航班不正常原因	100.00%	0.00
天气原因	47.46%	−3.83
航空公司原因	21.14%	12.52
空管原因（含流量原因）	2.31%	−5.42
其他	29.09%	−3.29

续表

年份 指标	2018 年	
	占全部比例	比上年增减：百分点
主要航空公司*航班不正常原因	100.00%	0.00
天气原因	48.62%	−2.85
航空公司原因	21.00%	11.75
空管原因（含流量原因）	2.75%	−5.38
其他	27.63%	−3.52

表 1.2 **2019 年航班不正常原因分类统计**

年份 指标	2019 年	
	占全部比例	比上年增减：百分点
全部航空公司航班不正常原因	100.00%	0.00
天气原因	46.49%	−0.96
航空公司原因	18.91%	−2.22
空管原因（含流量原因）	1.43%	−0.88
其他	33.17%	4.08
主要航空公司航班不正常原因	100.00%	0.00
天气原因	47.47%	−1.15
航空公司原因	18.36%	−2.64
空管原因（含流量原因）	1.79%	−0.96
其他	32.38%	4.75

表 1.3 **2020 年航班不正常原因分类统计**

年份 指标	2020 年	
	占全部比例	比上年增减：百分点
全部航空公司航班不正常原因	100.00%	0.00
天气原因	57.31%	10.81
航空公司原因	16.47%	−2.44

续表

年份 指标	2020 年	
	占全部比例	比上年增减：百分点
空管原因（含流量原因）	0.76%	-0.67
其他	25.46%	-7.70
主要航空公司航班不正常原因	100.00%	0.00
天气原因	58.76%	11.29
航空公司原因	14.64%	-3.72
空管原因（含流量原因）	0.98%	-0.81
其他	25.62%	-6.76

* 主要航空公司是指南航、国航、东航、海南、深圳、四川、厦门、山东、上海、天津等 10 家航空公司。

数据来源：2018—2020 年民航行业发展统计公报。

　　为了减少由于航班延误或者取消给航空公司带来的损失，需要对受扰航班进行快速有效的恢复。受扰航班恢复问题是指当原来的航班计划遇到干扰（如飞机故障等因素）使得部分航班延误甚至取消，出现原航班计划不可行的情况，这就需要对原来的航班计划进行重新排列以快速恢复飞机航线（航线是由航班组成的），降低航空公司的损失。多年来，人们对航班延误或取消的后续恢复问题进行了大量的研究和实践，取得了不错的效果，如著名的美国学者于刚教授（Yu and Thengvall, 2000; Yu et al., 2003）、国内学者梁哲教授（Liang et al., 2018）和朱金福教授（白凤，朱金福，高强，2010）等，由此奠定了受扰航班恢复计划的研究基础。

　　为了激励航空公司努力提高航班正常率，努力使全年航班正点率达到 80% 以上，民航总局出台过三项举措，即建立航班正常报告制度，就国内航空公司因自身原因造成航班延误给予旅客经济补偿提出指导意见，明确航班正常与（航线）（航班）经营权挂钩的具体措施。

　　航班正常报告制度的主要内容有：各航空公司每月 10 日前要向总部所在地地区管理局报送上月航班正常报告书，并抄报民航总局运输司，报告书由企业主要负责人签署。各航空公司内部要建立航班延误即时报告制度，根据延误程度逐级报告，及时、妥善地作出处理。凡发生延误 2 小时以上航班，必须即时报告当日值班领导；凡发生延误 4 小时以上航班，必须即时报告当地管理局和安全监管办公室，地区管理局和安监办值班领导及有关部门对延误航班的处理进行督促检查。

《民航总局对国内航空公司因自身原因造成航班延误给予旅客经济补偿的指导意见》的主要内容是：航空公司因自身原因造成航班延误，除按照《中国民用航空旅客、行李国内运输规则》的有关规定，做好航班不正常情况下的服务工作之外，还应根据航班延误 4 小时（含）以上不超过 8 小时、延误 8 小时（含）以上不同延误时间的实际情况，对旅客进行经济补偿。经济补偿可以采用多种方式。航空公司应根据并尊重旅客本人的意愿和选择，通过现金、购票折扣和里程等方式予以兑现。为避免进一步延误影响后续航班和旅客，防止空勤人员疲劳驾驶形成飞行安全隐患，经济补偿一般不在机场现场进行。航空公司可以采取登记、信函寄回等方便旅客的办法完成经济补偿。具体的补偿方法和方案由各航空公司在此框架下根据各自的情况制定。

民航总局在指导意见中还要求各机场、空管部门认真做好工作，向航空公司提供优质服务。机场要维护好候机楼内的秩序，制止旅客在航班延误后，采取"罢乘""占机"等过激方式，影响运输生产正常进行。另外，民航总局在指导意见中强调，因航班延误给旅客造成的损失，承运人应当承担的责任及其免责条件作了规定。该指导意见所指"补偿"措施，属在发生航班较长时间延误的情况下，航空公司主动安抚旅客、加强服务的措施。旅客因航班延误造成损失向承运人的索赔争议，应按有关法律程序处理。

关于将航班正常与航线（航班）经营权挂钩的具体措施包括四项内容：一是对每年上半年航班正常率、航班计划执行率低于行业平均水平的航空公司，在审定下一航季航班计划时，限制其航班总量的增加。二是对前一季度航班正常率较低的航空公司，停止审批下一个季度的加班包机飞行；在运输旺季，有限制地审批加班包机飞行。三是对擅自改变所给定的航班时刻，或售票时刻与公布时刻不一致的航空公司，撤销该航班经营许可和飞行时刻。四是对因航空公司主观原因，或客观原因延误后不作有效处理，造成航班 12

小时以上延误的，视情节轻重，暂停或撤销该航班（或航线）经营许可。

1.1.3 机场任务指派相关介绍

航空调度问题中涉及多方面内容，比如机场、航班计划、机型分配计划、飞机排班计划以及机组排班计划等。而机场作为航空调度过程中重要的组成部分，它是人类在地面上操作的最复杂系统之一，机场地面服务工作在保证飞机安全着陆和正常操作方面起着重要作用（Ip et al.，2013），航空调度中的其他计划都是在机场正常运作为前提下完成的。近年来，随着机场地面服务市场的自由化，第三方服务市场的数量大幅增加，并且在保证提供高质量服务的情况下，其价格低，运营效率高（Burghouwt et al.，2014；Patriarca et al.，2016）。机场每天都有大量的任务等待着指派给有限数量的班次，其中，一个任务代表一个服务（由不同的任务类型进行区分），必须由一个或多个具有一定资格（相应资格的精通程度也要满足要求）的地勤人员在规定的时间内完成。这里的资格可能是语言要求或者熟练掌握某航空公司的登记系统等要求，一旦有资格要求，其相应的精通程度要求会随之出现。相对于任务的数量，班次的数量有限，因此并不是所有的任务都被指派，而对于那些相对重要的任务，会设定高的优先级。Brucker 等（2011）研究了人员调度问题，其目的是指派可行的工作模式给员工，并证明了该问题属于 NP-Hard 问题。机场任务指派问题更加复杂，需要考虑的约束也更多（任务和班次都具有多种属性）。机场任务指派问题是一个复杂的组合优化问题，对较大规模任务指派模型的求解具有很大的难度。当任务和班次的数量很大时，问题变得很复杂，是一个 NP-Complete Problem（Savelsbergh，1985）。通过咨询提供机场地面服务的供应商可知，在过去，这些指派工作通过有经验人员手工完成，工作量大，效率低。随着航空工业的快速发展和航空交通量的显著增长，任务和班次的数量急剧增加，因此手工分配的方法已经变得不切实际，而有效的智能求解算法被需求，希望在降低机场运营成本的同时，提高机场的运营效率、服务水平和资源利用率。

1.2 研究目的与意义

1.2.1 研究目的

受扰航班恢复问题的目标是尽快恢复受扰航班计划和尽量减小航班延误时间、航班取消个数、维修取消个数以及航班交换个数，这些恢复措施有不同的惩罚系数。除了上述提到的情况，当求解飞机路线恢复问题时还要遵守以下的约束：（1）任何时候，最多只能有一个任务（航班或者维修）安排给一架飞机；（2）每一架飞机刚开始都有一个指定的可获得机场，那么该架飞机开始执行任务（航班或者维修）时必须和任务的开始机场相匹配；（3）指派给同一架飞机的任何两个连续的任务（航班或者维修）应该"首尾"相连接，也就是说，前面任务完成时的机场和后面一个相连任务开始时的机场是一样的；（4）对于每一个机场尽量保持机场飞机数目的平衡，然而此约束为软约束，如果有机场最后没有保持这个平衡，将会在目标函数中添加惩罚；（5）每架飞机的第一个任务（航班或者维修）的开始时间不能早于该飞机可飞行的开始时间，同理，最后一个任务（航班或者维修）的结束时间也不能晚于该飞机的结束时间；（6）对于每架飞机所执行的连续的两个航班任务之间都必须满足周转时间，这个周转时间是飞机为执行接下来的航班任务做准备，包括：旅客下机、食物补给、清洁等。由于航班恢复问题是一个非常复杂的实时优化问题。其解空间随着飞机和航班数量的增加而呈指数型增加，问题约束多，模型结构复杂，是典型的 NP-Hard 问题，此问题的求解难度较大，通过建立数学优化模型，设计有效的启发式算法来求解，并利用 Dantzig-Wolfe 分解原理把原问题分解为主问题和子问题，并采用精确算法进行求解，对测试结果总结分析，进而为航空公司实际运营提供理论支持和指导。

机场每天都有大量的任务等待着指派给有限数量的班次，其中，一个任务代表一个服务（由不同的任务类型进行区分），必须由一个或多个具有一定资格（相应资格的精通程度也要满足要求）的地勤人员在规定的时间内完成。任务被执行会产生一定的效益，任务产生的效益由"任务时长"和"任务优先级"的乘积来表达，因此，目标是最大化被指派任务产生的效益总和。假设一个任务可以指派给一个班次，那么它们之间要满足以下约束：（1）班次的开始时间/结束时间要早于/晚于任务的开始时间/结束时间；（2）任务要求的资格是班次资格集合的子集，并且该资格的精通程度不大于班次中该资格的精通程度；（3）不同类型任务分配在不同位置（如不同的航站楼、登机口、检测点等），当机场较大时，不同任务间的距离（用时间表示）必须满足，对于不满足距离要求的任务不能指派给同一个班次；（4）没有双重分配，意味着同一时间内班次只能执行一个任务；（5）不考虑"部分任务覆盖率"，意味着被指派的任务被完全执行。机场任务指派问题是一个复杂的组合优化问题，对较大规模任务指派模型的求解具有很大的难度，是一个 NP-Complete Problem，但是该问题的求解对提高机场的运营效率、服务水平和资源利用率有着重要影响。并且航空调度中的其他计划都是在机场正常运作为前提下完成的。

1.2.2　研究意义

2019 年，全国千万级机场达 39 个，航线总数为 4206 条，其中涉及"一带一路"国家航线 105 条，另外，民航旅客周转量在综合交通运输体系中的占比达到 32.8%。航空运输市场的高速增长，使得航空市场环境的竞争愈发激烈，针对多重突发事件扰动下的受扰航班恢复问题，企业需要采取一系列有效恢复措施来降低航空公司的损失，并且在最大程度上提高旅客的满意度。因此，考虑多种影响因素以及采取多种恢复措施，并且针对遇到的临时性极端天气考虑阶段性机场流量控制，同时如何合理设计和运用航班间"空档"来应对实际运营中出现的紧急突发事件。这些都对提升企业的竞争力至关重要。该研究将兼具理论前瞻性和重要的实践意义，具体体现在以下几个方面。

1. 理论意义

（1）探讨不同的运作管理理论与方法，充实运作管理理论创新。

作为最能体现管理科学的内容之一，运作管理的理论研究已经相当丰富。随着航空运输市场的快速发展，尤其是在当前竞争激烈的航空市场环境中，伴随着航班计划制订、实施过程中突发事件的现象频繁发生和旅客投诉问题的日益突出，对于受扰航班恢复问题的研究越来越重要。从影响受扰航班恢复的多种因素和采取多种恢复措施、恢复过程中进一步考虑其他因素及解决方案出发，立足于管理学科和计算机学科交叉的特点，研究如何在运营策略和优化方法上对多重突发事件受扰航班的情况进行优化，进一步充实与完善有关于运作管理的理论创新。而飞机和机场作为航空调度中的两个重要元素，国内外学者对机场调度优化问题，如机场行李装载和运输车辆调度（Huang et al.，2016；Padrón et al.，2016）、机场跑道调度（Jiang et al.，2015）以及机场员工调度（Soukour et al.，2014）等进行了大量研究，并取得显著成果。然而，机场地勤任务调度也是机场正常运营的一个重要组成部分，但是相关研究却很少。针对机场任务指派调度问题建立数学优化模型，并通过 CPLEX 优化软件进行求解；为了精确求解大规模问题，采用列生成算法对该问题进行求解，精确算法的缺点是求解时间太长，而列生成算法的求解时间 90% 花费在子问题的求解上，为了加快子问题的求解速度，提出了 Label Setting Algorithm 和一些加速策略。分析此问题的特性及与文献中相关问题的共性对相关领域的现有理论进行有效扩展，从理论上为类似问题的研究提供借鉴。

（2）为航空公司的调度决策提供理论支持。

虽然关于问题的研究已有很多，但是在引起航班受扰的假设上，考虑的因素大多是飞机资源短缺、飞机维修和机场关闭，而受扰航班恢复临近航班计划的实际执行必须要考虑旅客的因素相对较少。在建模和求解过程中考虑多种因素以及采取多种恢复措施，同时考虑实时性的要求对制定切实可行的优化方案非常重要。虽然实际中的航班恢复问题远远比上述情况复杂，但是随着信息化和智能化技术的快速发展和融合，本项目将利用航空公司的数据和真实案例，解析研究问题的关键特征和内在联系，为建立更加高效的求解模型提供依据。因此，研究结果将会对航空公司在现实复杂环境中的优化调度决策提供理论支持。

（3）为其他相关问题（机组恢复和旅客恢复）研究提供理论借鉴。

航空公司的整个恢复过程是分阶段进行的，机计划恢复（航班恢复阶段）阶段是第一阶段。然而当突发事件发生之后，不仅飞机不能按照原计划执行航班任务，机组人员也不能按照原计划执行航班任务，那么有些旅客的行程计划也被打乱，所以恢复过程的第二和第三阶段分别为机组恢复和旅客恢复阶段。其中机组人员恢复计划和旅客恢复计划问题与受扰航班恢复计划紧密相连，互相依赖，相互影响。因此，通过分析此类问题的特性及与文献中相关问题的共性，该研究将为其他相关问题（机组恢复和旅客恢复）研究提供更多的理论借鉴。

2. 现实意义

受扰航班恢复问题中原航班计划一旦不可行，如果不及时进行恢复将会导致旅客延误、签转或取消航班，由此引起的旅客投诉问题日益突出（民航局消费者事务中心），而航空公司与旅客之间的纠纷现象如不早日解决将难以构建和谐的客户关系。虽然航空公司为了减少旅客的损失，缓解旅客的情绪，将会对旅客进行补偿（比如延误补偿、转签补偿、退票补偿等），但是仍会影响整体服务质量和降低旅客的满意度。另外，航班的延误和取消不仅对航空公司造成巨大的经济损失，还可能使得航空公司失去对该航线的竞争力甚至经营权。而机场任务指派问题的求解对机场提高机场的运营效率、服务水平和资源利用率有着重要意义。虽然受扰航班恢复问题和机场任务指派问题非常复杂，但是这些问题的求解对航空公司和旅客来说具有现实意义，不仅可以降低航空公司和旅客的经济损失，而且还有利于提高航空公司的竞争力。本书是针对已有受扰航班恢复和机场任务指派基本理论的深入探讨，对保障航空安全、降低航空公司和旅客的经济损失、提高民航业的服务水平和旅客的满意度以及运行效率具有重要意义，同时为提供安全、优质、准时、高效的航空运输服务，完成航空公司追求的首要目标更近一步。

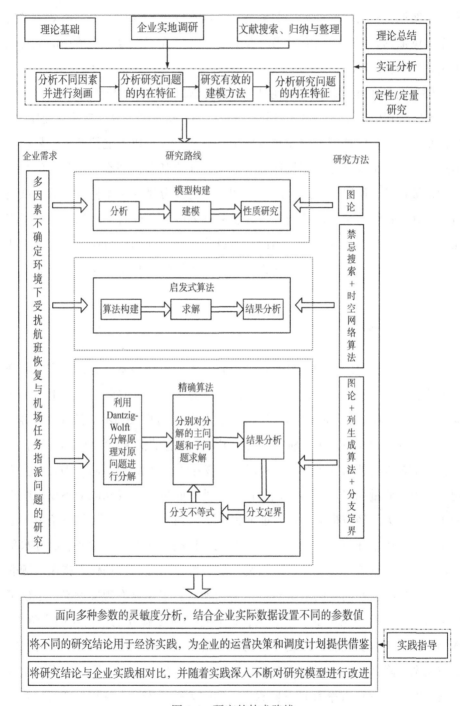

图 1-4　研究的技术路线

1.3　研究方法与技术路线

受扰航班恢复问题是航空公司日常调度中面临的主要问题之一，根据航空公司的实际情况及要求，在总结国内外受扰航班恢复问题相关研究的基础上，结合图论、决策分析和数学分析等方法，从航空公司实际情况特征入手，建立数学模型，设计问题求解方法。而机场任务指派问题的研究是通过对一个机场地面服务供应商（其希望优化终端处理器）进行调研的基础上，根据机场的实际需求，提炼约束条件，建立数学优化模型，设计出适合公司要求的启发式算法（借助优化软件 CPLEX 求解）或精确算法。技术路线见图1-4。

1.4　总体结构与主要内容

本书共分为 8 章：

第 1 章，绪论。陈述本书的研究背景、研究目的和意义、研究方法与技术路线、论文总体结构与主要内容，旨在为本书研究工作的发展做好铺垫。

第 2 章，航班调整相关基础知识。系统总结和归纳与本书相关的国内外研究成果，主要包括受扰航班恢复问题和机场任务指派问题的基本模型和求解算法。

第 3 章，多因素不确定环境下受扰航班回复问题的改进时空网络算法研究。本章以航空公司运营中的航班计划为背景，对受扰航班恢复问题进行研究，然而，航班恢复问题是复杂性非常高的组合优化问题，属于 NP-Hard 问题。在分析航空公司受扰航班恢复问题的基础上针对飞机资源短缺和计划外维修任务的情况，提出一种受扰航班调度方法，通过改进的时空网络算法来构建每架飞机的时空网络图，基于此建立整数规划模型，应用 CPLEX 软件进行优化求解。通过测试结果表明本书提出的"ITSN"（Improved Time Space Network）算法可以迅速缩减解空间，CPLEX 可以在较短时间内完成建模和求

17

解过程。

第 4 章，考虑阶段性机场流量控制的受扰航班恢复问题研究。相对于第三章，该部分将进一步探讨阶段性机场容量限制对航班恢复的影响。随着航空需求持续显著增长，航班量的迅速增长也增加了机场的任务量，而机场流量限制对航班运行起着重要影响，当遇到极端天气时，飞机的起降受到影响，频次也大幅下降。因此，阶段性机场流量控制的受扰航班恢复计划相对于上一个问题来说考虑了阶段性机场的流量约束。根据实际情况的监测以及大量历史数据（航班数据和机场流量变化数据）表明，在某一时间段内（由于天气或者机场自身因素），造成航班延误甚至取消的主要原因是该阶段内对机场的流量限制。本章提出的算法可以求解大规模问题，说明了列生成算法在求解大规模优化问题上的优势。本章研究的受扰航班恢复问题，考虑了飞机资源短缺以及计划外的维修任务，基于 Dantzig-Wolfe 分解原理，建立集合分割模型的受限制主问题（Restricted Linear Master Problem，RLMP）和最短路问题的子问题（Sub-Problem，SP），采用一种精确算法（列生成算法）对本章研究的问题进行求解。为了减少主问题与子问题之间的迭代次数，提高算法的求解效率，通过分析问题的特征，构建好的初始解。4.3.4 部分提出了一种 Multi-Label-Setting Algorithm 对子问题进行求解。通过实际数据对本章提出的精确算法进行验证。

第 5 章，考虑航班间"空档"的受扰航班恢复计划问题，针对该问题分析问题特征，建立整数规划模型，采用"ITSN"算法对实际算例进行求解分析。

第 6 章，基于多因素分析的机场任务指派问题的优化方案研究。首先，根据问题的特征和相关文献的方法，以产生总效益最大化为目标，满足任务与班次之间各种约束要求建立整数线性规划模型。并用 CPLEX 优化软件对此模型进行求解。然后，基于 Dantzig-Wolfe 分解原理把原问题分解为集合分割模型的主问题和求最短路的子问题。最后，采用分支定价算法（列生成算法和分支定界算法和结合）对分解后的问题精确求解。另外，为了加速列生成算法中子问题的求解速度，提出了先用启发式算法对子问题求解，获得一些高质量的列将其加入到主问题中，当启发式算法求解失败时，再采用 Label

Setting Algorithm 对子问题精确求解并根据最优性判别定理判断当前解是否为最优解。结合实际数据对本章建立的模型和提出的算法进行验证分析；同时对影响目标函数值的四个因素：任务数量、班次数量、任务属性和班次工作时长分别进行分析，通过实际算例测试对比。

第7章，基于改进的多目标文化基因算法的机场任务指派问题研究。本章研究考虑非完全覆盖的机场任务指派问题，以效益最大化和资格精通程度差总和最小化为目标，构建了多目标整数规划模型，设计了改进的多目标文化基因算法，并引入基于 Pareto 等级和拥挤度距离的种群选择操作，解决多目标优化问题中目标间的矛盾。在求解过程中，采用实际数据进行测试，数值结果表明：（1）通过与 CPLEX 优化软件对比，验证了所建模型和改进算法的准确性；（2）针对大规模算例，本书提出的算法在保证第一目标函数值近似最优解时，第二目标函数值都优于 CPLEX 求得的解，平均优化 5.89%，进一步证明该算法可以提供高质量的 Pareto 前沿；（3）对覆盖率高低、班次工作时长等参数进行灵敏度分析，结果表明不同参数的设置对目标函数的影响很显著。本研究不仅能够有效解决机场任务指派问题，而且可为企业实际运营决策提供科学依据。

第8章，总结与展望。总结本书所取得的研究成果，并讨论将来可进一步研究的主要方向。

第 2 章　航班调整相关基础知识

2.1　引　　言

航空业是运用运筹学方法和工具解决实际问题比较成功的一个行业。虽然截至目前，在干扰因素发生时任何工具都无法估算出同时对航班以及所有资源恢复问题的复杂度，但是无论是针对短期的计划恢复问题还是针对初始计划的修改问题，基于优化思想的决策支持系统都已经被大量的航班和机组调度问题证明起到了降本增效的作用。

从本质上看，受扰后的不正常航班恢复问题是全世界航空公司都普遍面临的难题，要完全避免航班的不正常现象几乎是不可能的，所以面临的主要困难是如何在恢复时间窗内使航班恢复正常。当航班不正常的情况出现时，运行控制中心的工作人员根据航班计划、飞行航线、机组排班计划以及飞机维修计划等信息，对飞机和机组资源进行重新分配，提出相应的求解调整方案，尽量使航空公司的航班计划能在最短时间内恢复正常。

学术界针对航空调度问题研究，特别是对航班延误或取消的后续恢复问题进行了大量的研究和实践，取得了不错的效果，如著名美国学者于刚教授（Yu and Thengvall，2000；Yu et al.，2003）、国内学者梁哲教授（Liang et al.，2018）和朱金福教授（白凤，朱金福，高强，2010）等，由此奠定了受扰航班恢复计划的研究基础。现有文献关于航空调度问题的研究主要集中在航班计划（Flight Scheduling）、机型分配计划（Fleet Assignment）、飞机排班计划（Aircraft Scheduling）以及机组排班计划（Crew Scheduling）等，但关于机场地勤等支持设施调度的研究较少，有限的研究中大多又集中在对机场行李运输车辆调度（Padrón et al.，2016）、机场跑道调度（Jiang et al.，2015）以及机场员工调度（Soukour et al.，2014）上，只有少量文献研究机场任务指派问题（Tommy，2010）；文献中有大量关于航空调度问题中受扰航班恢复问题的研究（Filar et al.，2001；Yu and Qi，2004；Kohl et al.，2007；Clausen et al.，2010；Visentini et al.，2013；Zhang and Lau，2014；Zhu et al.，2016；Zhang，2017；Liang et al.，2015，2018）。飞机资源是航空公司最昂贵的资源，因为飞机资源短缺而导致的原航班计划受扰的问题在 20 世纪 60 年代就开始受到关注，随着航空业的快速发展，航空业在社会和经济体系中扮演着越来越重要的角色（Berrittella et al.，2009），但是因为恶劣天气、飞机故障、空中流量控制等外界条件造成原航班计划不可行的现象时常发生，给航空公司和旅客带来了巨大的经济损失和不便（Shavell，2001）。受扰航班恢复问题的求解不仅可以提高航空公司的服务质量，而且还可以降低运营成本以及提升航空公司在行业内里的竞争力。

2.2　航班恢复问题的基本模型

当原航班计划受到干扰不可行时，航空公司面对的实际问题时必须尽快找到恢复方案，所以对算法的运行时间有要求，越短越好。航班受扰恢复问题从 20 世纪 80 年代开始就已经受到国际学术界和民航业的广泛关注，大部分的数学模型和航班计划问题的模型类似，都是基于网络的思想来描述在飞机执行的航班串，其中航班恢复问题的基本网络模型之一为时空网络模型。

2.2.1　时空网络模型

时空网络是形象地表示飞机路径（航线）的一种网络表达形式。时空网络由两个轴，一个轴表示时间，另一个轴表示空间，网络中的任何一个点都同时具有时间和空间的概念，它可以表示飞机的起飞或降落。两点之间有弧进行连接，如果两点所代表的机场相同，则该弧表示在两点所代表的时刻之间飞机一直停在机场，称为停住弧；如果两点所代表的机场不同，则该弧表示航班，称为航班弧。时空网络记为 $TN = (V, A)$，其中 $V = V_1 \cup V_2 \cup V_3$，几种集合的定义如下：

$[s_0, t_0] \in V_1$　起始点，表示恢复时间窗开始时刻 t_0，可能会有飞机停在机场 s_0；

$[s, t] \in V_2$　中间点，表示可能会有飞机在时刻 t 机场 s 起飞或者降落；

$[s_n, t_n] \in V_3$　宵禁点，表示恢复时间窗结束时刻 t_n，可能会有飞机停在机场 s_n。

时空网络模型是在时空网络的基础上建立起来的，下面给出时空网络模型对应的表达式。

索引：

s　起始点索引；

i　中间点索引；

t　宵禁点索引；

f　航班点索引；

η　航班弧索引；

g　停住弧索引。

集合：

S　起始点集合；

T　宵禁点集合；

I　中间点集合；

F　航班集合；

N　航班弧集合；

G　停住弧集合；

$O(i)$　从 i 出发的弧的集合，$i \in I$；

$T(i)$　到达 i 点的弧的集合，$i \in I$；

$N(f)$　航班 f 的航班弧的集合，$f \in F$。

参数：

d_n 　航班弧 η 所对应的航班延误成本，$\eta \in N$；

c_f 　航班 f 的取消成本，$f \in F$；

b_s 　由起始点 s 出发的飞机的数量，$s \in S$；

b_t 　在恢复时间窗结束时，需要在宵禁点所代表的机场停驻的飞机的数量，从 i 出发的弧的集合，$t \in T$。

决策变量：

x_n 　$x_n = 1$ 表示航班弧 η 上有飞机流，否则为 0，，$\eta \in N$；

y_f 　$y_f = 1$ 表示航班 f 被取消，否则为 0，$f \in F$；

z_g 　表示停驻弧 g 上的飞机流的数量，$g \in G$。

$$\min \quad Z = \sum_{\eta \in N} d_\eta x_\eta + \sum_{f \in F} c_f y_f \tag{2-1}$$

$$\text{s. t.} \quad \sum_{\eta \in N(f)} x_\eta + y_f = 1, \quad f \in F \tag{2-2}$$

$$\sum_{g \in O(s)} z_g = b_s, \quad s \in S \tag{2-3}$$

$$\sum_{g \in T(t)} z_g = b_t, \quad t \in T \tag{2-4}$$

$$\sum_{\eta \in O(i)} x_\eta + \sum_{g \in O(i)} z_g = \sum_{\eta \in T(i)} x_\eta + \sum_{g \in T(i)} z_g, \quad i \in I \tag{2-5}$$

$$x_\eta \in \{0, 1\}, \ y_f \in \{0, 1\}, \ \eta \in N, f \in F \tag{2-6}$$

$$z_g \geqslant 0, \ g \in G \tag{2-7}$$

式（2-1）为目标函数，要求整个恢复过程中成本最小化，包含两部分成本，第一部分是所有飞机流经过的航班弧对应的成本，第二部分是航班的取消成本；式（2-2）是航班覆盖约束，表示每个航班任务要么被执行，要么被取消；式（2-3）和式（2-4）分别表示飞机流在起始点和宵禁点的平衡；式（2-5）表示飞机流在中间点的平衡；式（2-6）和式（2-7）是决策变量约束。

2.2.2　集合覆盖模型

飞机恢复的航班调度问题可以看做资源分配问题：给定一个集合，如何把这个集合划分成一定数量的子集，使得这些子集尽可能地覆盖更多的集合元素，而且需要保证任何子集的交集为空集。针对航班计划恢复问题，集合中的元素就是航班，每一个子集就是一条飞机的航线（可恢复航线），这条飞机的航线（由航班组成）被一架飞机执行。当然航班可以按照原航班计划的起飞时间执行，也可以是延误航班。所以对于每一条可恢复航线都可以根据这条航线上的飞机类型、航班的延误时间、航班是否为交换航班估算出这条可恢复航线的成本。

下面给出集合分割覆盖模型对应的表达式。

集合变量

A 可获得机场的集合；

P 飞机集合；

F 航班集合；

L 飞机可飞行的路线集合（总的可恢复航线）；

S 飞机最终状态集合。

上下标号记号

f：航班上标，$f \in F$；

l：航班路径下标，$l \in L$；

p：飞机上标，$p \in P$；

a：机场下标，$a \in A$；

s：最终状态上标，$s \in S$。

参数变量

c_l^p：飞机 p 执行航线 l 的成本，$l \in L$，$p \in P$；

c_f：取消航班 f 的成本，$f \in F$；

b_l^f：当航班 f 包含在航线 l 中时等于 1，否则等于 0，其中，$f \in F$，$l \in L$。

决策变量

x_l^p：如果飞机 p 执行了航线 l 则其值等于 1，否则等于 0；y_f：如果航班 f 被取消了则其值等于 1，否则等于 0。

基于可恢复航线建立以下模型：

$$\min \quad Z_{MP} = \sum_{p \in P} \sum_{l \in L} c_l^p x_l^p + \sum_{f \in F} c_f y_f \tag{2-8}$$

$$\text{s. t.} \quad \sum_{p \in P} \sum_{l \in L} b_l^f x_l^p + y_f = 1, \quad f \in F \qquad (2\text{-}9)$$

$$\sum_{l \in L} x_l^p \leqslant 1, \quad p \in P \qquad (2\text{-}10)$$

$$x_l^p \in \{0, 1\}, \quad l \in L, \, p \in P \qquad (2\text{-}11)$$

$$y_f \in \{0, 1\}, \quad f \in F \qquad (2\text{-}12)$$

式 (2-8) 为模型的目标函数，使恢复措施总成本最小化，其中的恢复措施包括航班取消、航班延误以及航班交换等；式 (2-9) 是航班覆盖约束，要求每个航班要么包含在某一条可恢复航线里被执行，要么被取消；式 (2-10) 是对飞机的约束，要求每架飞机最多选择一条可恢复航线去执行；式 (2-11) 和式 (2-12) 是对决策变量的约束，要求决策变量是 0~1 变量。

2.3　受扰航班恢复问题

航班受扰恢复问题从 20 世纪 80 年代开始就已经受到国际学术界和民航业的广泛关注，但是由于受扰航班恢复问题本身的复杂度以及对恢复方案的实时性要求较高，而同时考虑飞机资源短缺、机场关闭、计划外的飞机维修、旅客等因素的现有研究成果较少。另外在恢复的过程中，很少同时采取航班延误、航班取消、航班交换、维修取消、不同延误时间段的旅客经济补偿等多种惩罚措施。而对于恢复过程中涉及的阶段性机场流量控制以及航班间"空档"的研究就更少。航班阶段的恢复与机组人员恢复和旅客恢复紧密相连，由于各个恢复阶段涉及不同的资源和要求，有其独特的结构和规则，使得求解过程非常困难，因此在实际运行中将会分阶段恢复。

航空公司的整个恢复过程（Clarke et al. , 2005）是分阶段进行的：第一阶段飞机计划恢复（Aircraft Schedule Recovery，ASR），在这一阶段采取的主要恢复措施有：取消航班、延误航班或者交换航班等（Argüello et al. , 1997；Abdelghany et al. , 2008；Clausen et al. , 2010；Sinclair et al. , 2014；Uğur et al., 2016；Uğur et al., 2017；Yan and Kung, 2018）；第二阶段机组恢复（CR，Crew Recovery），在飞机计划恢复的基础上，需要对机组计划重新排列或者使用备用机组，从而使得航班任务的执行满足民航管理局的各种规章制度以及机组人员的工作要求条例（Schaefer et al., 2005；Yen and Birge, 2006；Tam et al., 2007、赵正佳（2011）；İbrahim et al., 2013；Soykan and Erol, 2016）；第三阶段旅客恢复（PR，Passenger Recovery），该阶段是将旅客指派到相应的航班上，其主要目标是在保证旅客达到预定的目的地的前提下，使得旅客的总延误时间最短（Bratu and Barnhart, 2006；Acuna-Agost et al., 2010；Chan et al., 2013；Sinclair et al., 2014；Maher, 2015）。Zhou et al.（2020）针对这三个阶段及对应的整合问题给出了一般的建模方式以及被广泛使用的求解方法。之所以采用这样的恢复次序，是因为飞机是航空公司里最昂贵的资源，也是稀缺资源，相对于飞机资源的短缺而机组人员更容易获得一些，可以通过使用备份机组（Reserve）和加机组方式（Deadhead）获得更多机组，从而重新安排机组进行恢复。

如何在有限的昂贵资源中调配飞机，同时还要使航班延误、航班取消以及航班交换等成本最小化，航空公司的损失最小化是目前航空公司面临的巨大挑战，因为整个过程中不仅要保证满足后续航班有飞机可用、机组到位、第二天的飞行计划不被打乱等诸多因素约束，而且还要求航空公司在短时间内做出反应，做到对不正常航班进行实时调度的掌控。由于受扰航班恢复问题本身的复杂度以及对恢复方案的实时性要求，目前对受扰航班恢复问题求解的完全自动化商业软件还没有，虽然在求解的过程中面临诸多困难，但是仍然有不少学者对受扰航班恢复问题进行研究。本书中是以一个航空公司的航班计划进行恢复，也就是上面所提到的第一个阶段。原航班计划一旦受到干扰，将会给航空公司和旅客带来经济上的巨大损失和不便（Ball et al., 2010；Sinclair et al., 2016），通过使用各种恢复措施（取消航班、延误航班、交换航班等）（Ball et al.（2007））而使原航班计划恢复正常运作的过程称为航空公司对受扰航班恢复问题（Interrupted Flight Recovery Problem，IFRP）进行求解的过程。

2.3.1 单型机飞机故障引起的原航班计划不可行问题

从 20 世纪 60 年代开始就有了关于航空公司受扰航班恢复问题的论述。Jedlinsky（1967）最早对飞机计划恢复问题进行了研究，提出了一个最小费用流模型来对该问题进行建模，建立实时信息系统，采用网络流理论中的 out-of-kilter 的算法对问题求解。

Dekwitz（1984）研究的单机型受扰航班恢复问题是由飞机资源短缺引起的，在飞机路线图中通过使用备份飞机和航班延误来进行航班恢复。Teodorović and Guberinić（1984）研究了一架或者多架飞机故障时的受扰航班恢复问题，以旅客的总延误时间最小化为目标函数，建立了受扰航班网络并用缩减的飞机集合对航班计划进行恢复，采用分支定界算法对该问题求解，文中求解的算例规模仅包含 8 个航班。Teodorović（1988）早期研究的受扰航班恢复问题中，假设航空公司使用的飞机是同一类型的飞机，对发生故障的时间进行限定，设置一个或者多个航班在飞行日的初期会发生故障，以最小化旅客总延误时间为目标建立模型，只在受干扰的航线网络上进行航班任务的优化调整，并且该文中只对纯延误策略进行评估，而不采取取消航班或者交换航班的恢复措施。

Gershkoff 在 1987 年采用时空网络方法求解受扰航班恢复问题，在求解的过程中通过取消航班解决飞机资源短缺的问题，同时保留某些重要的航班，用来维持航班计划的资源平衡问题。在该研究中没有考虑实际生活中出现的情况，允许航班延误、允许航班交换等，从而缺乏可行性。Teodorović and Stojković（1990）对 Teodorović and Guberinić（1984）提出的模型进行了改进，目标函数分为两层：在第一层中要求航班取消的总数量最小化，在第二层中要求旅客的总延误时间最小化，文中的模型是第一个同时考虑了恢复航班时刻和飞机路线的模型，并且还考虑了机场宵禁约束的要求，遗憾的是文中并没有给出具体算例的测试。

Jarrah et al.（1993）考虑了飞机资源短缺的情况，在求解过程中针对航班延误和航班取消分别建立了两个最小费用流的网络流模型，但是这两个模型不能同时使用，只能分别使用，在决定使用之前，需要考虑许多因素，比如可能的后续航班取消数量、航班上旅客的人数以及下一站可能转机的人数等，计算量大，对于规模大的问题该算法效率低下。Teodorović and Stojković (1995) 首次尝试将飞机计划、机组计划和维修计划同时考虑的问题，采用字典序列优化技术 \ 分层优化技术 (Lexicographic Optimization Technique，LOT) 对问题进行建模，整个恢复过程不允许使用调机策略，目标函数分为两层：在第一层中要求航班取消的总数量最小化，在第二层中要求旅客的总延误时间最小化，和以往文献中的结论不同，该文是在重新生成机组排班的基础上再进行飞机排班计划的，该文指出这样可以极大降低 CPU 的时间。Cao and Kanafani (1997a，1997b) 改进了 Jarrah 的模型，把航班取消模型和航班延误模型融合为一个模型，可以同时解决取消和延误，并对枢纽航班的迭代等级进行重新设置获得了更好的解。

Argüello et al. (1997) 通过取消已经延误或者已落地航班后面的所有后续航班来生成一个初始解，采用贪婪随机自适应搜索算法 (Greedy Randomized Adaptive Search Procedure，GRASP) 在初始解基础上执行领域搜索，对每一个领域解计算延误成本，选择较优解并将其放在限制选择列表中 (Restricted Candidate List，RCL)，那么新的飞机的执行计划将会通过随机方式选取 RCL 中的航段生成，当列表内容为空或者达到 CPU 规定的运行时间限制时停止这一过程。周志忠 (2001) 指出在航空公司的日常运营中，飞行运行控制是核心，它直接影响着公司的运营成本，所以文中提出了一个飞行运行控制实时优化的整体框架，飞机、机组和可用的座位资源这三种航空资源都包含在次框架中，同时四种优化模型：航班恢复模型、飞机恢复模型、机组人员恢复模型以及旅客恢复模型。Yan and Yang (1996) 研究了在飞机发生临时故障的情况下，以最小化不正常运行时间为目标函数建立优化模型，采用时空网络算法为每一架飞机寻找可恢复的航线，在这些航线中选择扰动期内收益最好的航班执行而取消那些收益差的航班。

由于航空公司通常把维修任务放在飞行日末期或者夜间进行，因此在受扰航班恢复问题的研究中关于飞机有维修情况的研究成果较少。因为维修任务是对准某一架或者几架飞机的，不允许被交换。Teodorović and Stojković

（1990）研究的受扰航班恢复问题中考虑了维修的情况，文中规定飞机的维修只能在固定的航站进行，为了保证维修计划的可行，所有有维修计划的飞机必须在特定的航站结束飞行任务，中间可能导致一些航班延误甚至取消。Eggenberg et al.（2007、2010）研究的受扰航班恢复问题中也考虑了维修的情况，在列生成策略中考虑运行的约束，通过求解资源约束最短路问题（考虑维修的情况）生成新的列，提出了不正常航班恢复的模型框架，文中对受扰航班恢复问题进行了深入研究，并通过真实的算例进行了测试分析。

2.3.2 多型机飞机故障引起的原航班计划不可行问题

随着经济发展，技术进步，航空运输体系的不断完善，从 20 世纪 90 年代中后期至今，多机型飞机得到了广泛应用并逐渐替代单机型飞机，从而由多机型引起的大规模延误的情况逐渐成为研究关注的重点。

Yan and Young（1996）研究了多机型航班计划恢复问题，首先基于一个基本的调度扰动模型（Basic Schedule Perturbation Modele，BSPM），通过调整不同的约束条件来构建满足不同条件的动态网络模型，使用不同的方法对这些动态网络模型进行求解，该文章虽然考虑了多机型航班计划的恢复情况，但是不允许不同机型之间相互替换，只能求解小规模的算例，给现实中的使用带来不便。Yan and Tu（1997）也研究了多机型航班计划恢复问题，在构建网络模型中允许大型飞机执行小型飞机的航班任务（航班交换），但不允许小型飞机执行大型飞机的航班任务，同时允许原航线中的航班任务取消部分中间的经停点，采用次梯度优化算法和松弛的拉格朗日启发式算法进行求解，在求解规模上比 Yan and Young（1996）有所增加，可以求解中等规模的受扰航班恢复问题。

Yu & Thengvall（2000）、Thengvall et al（2001，2003）将干扰管理运用于航空工业，开发出来干扰管理的实时决策支持系统，显著地提高了系统的实时性能，减少了延误和航班取消。Rosenberger et al.（2003）研究了由于恶劣天气、机场拥堵以及维修任务引起的受扰航班恢复问题，以延误和取消航班的成本最小化为目标函数建立优化模型，采用基于飞机选择的启发式算法进行求解。Bierlaire et al.（2007）研究了受扰航线调度问题，以最小化花费恢复措施成本为目标函数，采用列生成算法对该问题进行求解，但是在子问题的求解过程中，该文献没有采用航班交换这一恢复措施，只是考虑取消航班和延误航班，这样就造成大量的航班被取消或者航班延误的时间过长，然而航班的取消或者长时间延误会对旅客带来很多不便。Bai et al.（2010）研究了因为飞机资源短缺和机场关闭的情况造成的航班不正常情况，采用时空网络技术为每架飞机建立可恢复航线网络图，以最小化恢复费用为目标函数值，采用列生成算法对该问题进行求解，该文献没有考虑飞机维修的情况。Gang and Yan（2014）提出了一种改进的列生成算法，其中，该文献建立了多商品网络流的数学规划模型，在主问题和子问题迭代过程中，每次迭代不止生成一条具有负值的列，因此每次会有不止一条航线被加入到主问题中，这样的操作减少了迭代次数加快了整个求解的过程，然而该文献只考虑了飞机资源短缺的情况，对于飞机维修的情况没有考虑。Sinclair et al（2016）对航班恢复和旅客恢复进行了综合研究，采用启发式算法进行求解，增加了问题的求解规模，但是恢复措施中，航班推迟采取的是分段推迟，而不是连续推迟。另外，Liang and Chaovalit wongse（2009）、Rajagopal（2014）、Sarhani et al.（2016）、Thani et al.（2016）、Liang et al（2018）考虑了有维修情况的航班恢复问题。

2.3.3　机场关闭引起的原航班计划不可行问题

近年来，由机场关闭引起的原航班计划不可行的情况也时常发生。其中，Yan and Lin（1997）首先研究了机场临时关闭条件下的受扰航班恢复问题，在此研究基础上，Tengvall et al.（2000、2001）对多机型的由机场长期关闭引起的的航班恢复问题进行研究，将延误、取消和调机策略集中到一个模型中，采用拉格朗日松弛启发式算法 \ 次梯度优化算法（Lagrangian Relaxation with Subgradient Methods，LRS）和一种捆绑算法（Bundle Method，BM）对模型进行求解。其中下界的求得是通过拉格朗日松弛方法，引入拉格朗日乘子对一些较难的约束条件进行松弛，放入到目标函数中，从而得到一个线性规划问题并对其求解；上界的求得是结合优化方法设计出有效的启发式算法对问题进行求解，然后对问题的上下界进行多次迭代逼近，至到获得满足要求的最优解（Fisher，1981、1985）。对上述模型的求解是通过 CPLEX 优化软件来实现的（Terrab and Paulose，1992），很好地实现了商业应用，但是此方法的缺点在于往往只能提供一个方案，而在实际的调度中，决策人员更希望能在多种调整方案中进行对比筛选。

Tengvall et al.（2003）提出通过修改模型中的成本参数来获得不同的方案，并设计了一种交叉取消启发式算法（Cross-Cancellation Heuristic），该算法通过选择取消不同的航班来产生多个次优的调度方案（Near-Optimal Solution）供决策人员选择。Bai et al.（2010）研究了因为飞机资源短缺和机场关闭的情况造成的航班不正常情况，采用时空网络技术为每架飞机建立可恢复航线网络图，以最小化恢复费用为目标函数值，采用列生成算法对该问题进行求解，该文献没有考虑飞机维修的情况。Mather（2016）研究了因为机场关闭引起的航班受扰问题，考虑同时恢复飞机和机组人员的问题，采用 column-and-row generation 算法对该问题进行求解，采取的恢复措施有航班延误和取消，在保证计算时间的情况下得到了近似最优解。Hu et al（2016）提出了一个结合贪婪随机自适应搜索算法（A Greedy Randomized Adaptive Search Procedure，GRASP）和禁忌搜索算法（Tabu Search，TS）的混合启发式算法。Zhang et al（2016）采取航班延误的恢复措施，利用优化软件进行求解，注重于寻找操作方案费用与旅客相关费用之间最优的权衡。Guimarans et al（2017）提出了一个基于大领域搜索的元启发式算法。

姚韵（2006）在其论文中对计划恢复问题的现状和发展进行了系统介绍，以 Argüello et al.（1997）介绍的贪婪随机自适应搜索算法（Greedy Randomized Adaptive Search Procedure，GRASP）为基础来分析受扰航班恢复问题的飞机路线调整策略，通过探讨路线置换的原理和成本变换关系，给出一种基于飞机路线置换的分阶段优化方法。孙宏（2003）、马正平（2004）、田晓东（2004）、沙永全（2005）、谢进一（2006）、徐肖豪和李雄（2006）、赵秀丽等（2008）在其研究工作中关于航班延误的问题给出了一些分析和结论。田振才和都业富（2004）、李雄等（2007）研究了航班延误和赔偿的相关问题。

杨欢等（2017）研究了基于动态环境的机场航班实时调度优化的初级阶段，采用遗传算法对优化模型求解。陈茂林等（2018）对民航调度系统中空管、机场和航空公司之间复杂的协同调度问题进行研究。

2.4 机场任务指派问题

Detienneet al.（2009）、Ip et al.（2013）、Soukour et al.（2013）指出由于地面服务调度复杂性的原因，通常把解决员工调度问题分解为三步骤：第一步，休息日的调度安排，根据员工的数量和员工合同（例如有些员工只能周末或者一周中的特定日期才能工作）来为每个员工指定一段连续的工作日和安排休息日。第二步，任务调度，从一个包含有大量任务池中选择决定哪些任务将要被安排执行，并且需要多少任务被安排才能满足要求。最后一步，员工指派，遵守相关的规章制度，满足相应的约束条件，在满意度最大的情况下，分配第二步的任务给员工。最后一步关于员工的任务指派有大量的数据，而如何组合这些数据去解决问题，一般情况下通过启发式方法求解（Soukour et al.（2012）首先提出了两个启发式算法（贪婪算法和全面分配算法）给出初始解，然后又用构建启发式算法去提高初始解、Soukour et al.（2013）提出了基于局部搜索的文化基因算法）。Baker（1976）提出了几个基于员工工作负荷排班的数学模型，并将模型应用于多个工种类型的领域内。

Ahujaet al.（1993）、Epstein and Tassa（2003）研究的指派问题中，任务在一定时间段内可以指派给任一班次，约束条件相对简单，而机场任务指派问题，任务和班次都具有多种属性，约束多结构复杂，必须满足所有要求才能进行任务的指派，产生相应的效益。Nagraj et al.（1990）运用网络流技术，研究了基于工作负荷的员工排班问题，文中将排班模型的所有约束都集成到所建立的网络中，而最佳排班方案就是所建立网络中的一条路径，最后的计算结果说明该方法非常适用于解决复杂的大型的任务指派问题。Chu and Chan（1998）研究了机场地勤员工弹性排班的问题，排班模型是整数规划模型，其目标是在排班结果维持一定员工富余量的基础上以需加班的员工人数最小化为目标函数。Kuno（2001）以员工的最大化利用率为目标，使用分支定界算法对问题进行求解，文中提到方法的核心先找到一个较好的下界来加快剪枝的速度。Luca et al.（2003）提出了最少班次排班模型，其目标在满足员工负荷与实际需求负荷之差在一定可接受范围内的情况下，以员工班次数最小化和以员工的使用数最小化目标函数。Tommy（2010）研究了多任务需求的排班问题，每一项任务都需要有特定的资格才能完成，而每一名员工都会拥有若干项资格，因而每一名员工的人力资源成本也不相同，文中建立了模型的目标约束规则库，使用带有对偶松弛参量的模拟退火算法进行求解，并验证了算法的效率和鲁棒性。

2.5　受扰航班恢复和机场任务指派问题求解算法

2.5.1　受扰航班恢复问题求解算法

1. 启发式算法

针对单机型受扰航班恢复问题，Cotthem（1986）提出了一个 Out-of-Kilter 的启发式算法。Gopalan and Talluri（1988）提出了一个快速简便的多项式启发式算法。Teodorović and Stojković（1990、1995）分别提出了基于字典序列的动态规划启发式算法和 "First-In-First-Out" 的连续动态规划启发式算法。Yan and Yang（1996）提出了一个拉格朗日松弛启发式算法和次梯度优化算法（Lagrangian Relaxation with Subgradient Methods，LRS；Argüelloet al.（1997）采用了贪婪随机自适应搜索算法（Greedy Randomized Adaptive Search Procedure，GRASP）。周志忠（2001）提出了一种基于伪并行的改进遗传算法的快速组合优化启发式算法。

针对多机型受扰航班恢复问题，Yan and Yong（1996）提出了一个基于时空网络的拉格朗日松弛启发式算法。Cao and Kanafani（1997）提出了一种逼近的线性规划算法。Luo and Yu（1997）提出了一种快速的启发式算法。周志忠（2001）文中研究了一种快速组合优化的启发式算法（基于伪并行的改进的遗传算法）。Jay Michael Rosenberger（2001）提出了一个选择飞机的启发式算法（Aircraft Secletion Heuristic，ASH）。Thengvall et al.（2003）设计了一种交叉取消启发式算法（Cross-Cancellation Heuristic）。Andersson and Vrbrand（2004）基于 Dantzig-Wolfe 分解对主问题使用了拉格朗日启发式算法，对子问题使用了两个列生成的启发式算法。Rosenberger et al.（2003）、Petersen et al.（2012）提出了一个被称作 ASH（Aircraft Secletion Heuristic）的启发式算法。Løve et al.（2005）、Mansi（2012）提出了一个元启发式算法。Liu et al.（2008）提出了一个结合遗传算法和多目标优化方法的启发式算法。Mou and Zhao（2013）、赵秀丽等（2008）提出了一个基于匈牙利算法为核心的启发式算法。Acuña-Agost et al.（2009）运用了统计分析的启发式算法。Dožić et al.（2010）提出了构建启发式算法。Gao et al.（2010）、唐小卫等（2010）提出了一个基于模拟退火算法为基础的贪婪模拟退火算法（Greedy Simulated Annealing，GSA）。Zegordi and Niloofar（2010）提出了一个蚁群算法（Ant Colony，ACO）。詹晨旭等（2012）设计了一种基于改进的随机搜索策略的启发式算法（该算法主要参考了 GA 的算法思路）。Zhao and Guo（2012）、Hu et al.（2016）提出了一个结合贪婪随机自适应搜索算法（Greedy Randomized Adaptive Search Procedure，GRASP）和禁忌搜索算法（Tabu Search，TS）的混合启发式算法。Guimarans et al.（2017）提出了一个基于大领域搜索的元启发式算法。

针对航班和机组人员的恢复问题：Jozefowiez et al.（2013）提出了一个基于最短路的启发式算法。Zhang et al.（2015）提出了一个两阶段启发式算法。Sinclair et al.（2014）提出了大领域搜索的启发式算法。Vos et al.（2015）提出了一个基于飞机选择的启发式算法。Guimarans et al.（2015）提出了一种基于大领域搜索的元启发式算法。Zhang et al.（2016）提出了一个 math-heuristic 的启发式算法。Sinclair et al.（2016）提出了基于列生成的启发式算法（column generation heuristic）。Hu et al.（2016）提出了一个贪婪随机自适应搜索算法（Greedy Randomized Adaptive Search Procedure，GRASP）。Zhang（2017）提出了两阶段启发式算法。Vink et al.（2020）使用一种启发式迭代算法快速求解航班发生中断时的恢复问题。

2. 精确算法

针对单机型受扰航班恢复问题，Teodorović and Guberinić（1984）提出了一个分支定界算法。Teodorović and Stojković（1995）采用了动态规划算法。Bard et al.（2001）提出分支定界算法对整数最小成本流模型进行求解。刘德刚（2002）提出了列生成算法求解飞机调配问题。针对多机型受扰航班恢复问题，Andersson and Värbrand（2004）提出了基于 Dantzig-Wolfe 分解的列生成算法。Teodorović et al.（2007）提出了分支定界算法求解，并设计了两步分支规则。Bierlaire et al.（2007）基于 time-band networks 提出了一种列生成算法。Eggenberg etal.（2007、2010）提出了列生成算法。白凤等（2010）提出了列生成算法；吴刚和严峻（2014）提出了一个改进的列生成算法（文中采用每次迭代过程中加入多个列，并对加入的多个列应该满足的条件进行了分析）。Maher et al.（2016）设计了行列生成算法，与标准的列生成算法相比，该方法在解的质量和计算时间上更加优化一些。

2.5.2 机场任务指派问题求解算法

1. 启发式算法

Chu and Chan（1988）采用了五种启发式算法来模拟文中手工调整的效果，分别为"IMPROVE"启发式算法、"2-OPT"启发式算法、"SPLIT-DUTY"启发式算法、"3-PIECE"启发式算法以及"DIVIDE"启发式算法。Luca et al.（2003）提出了一种基于局部搜索算法的贪婪启发式算法。Detienne et al.（2009）提出了基于 Cut Generation 的一种启发式算法。Tommy（2010）使用带有对偶松弛参量的模拟退火算法进行求解，并验证了算法的效率和鲁棒性。这些算法对于小规模算例可以求得问题的最优解，当问题规模变大时，变量个数和约束条件都成指数增加，不能给出最优解，只能给出近似解。Soukour et al. 2013、Jiang et al. 2015、Ascó et al. 2014 分别提出的基于局部搜索的文化基因算法（Memetic Algorithm）、改进的基因算法（Improved Genetic Algorithm）和构建启发式算法可以求解大规模问题的近似解。Soukour et al.（2012）首先提出了两个启发式算法（贪婪算法和全面分配算法）给出初始解，然后又用构建启发式算法去提高初始解。Ip et al.（2013）提出了一个遗传算法。

2. 精确算法

Kuno（2001）以员工的最大化利用率为目标，使用分支定界算法对问题进行求解。Artigues et al.（2009）提出了一个分支定界算法。Guyon et al.（2010）提出了基于 Benders 分解的精确算法和一个 Cut Generation 过程。

2.6 本 章 小 结

本章对航空调度中受扰航班恢复问题基本模型及求解算法和机场任务指派问题的求解算法研究进行了总结与归纳。

首先，对受扰航班恢复问题的文献进行了回顾，按照研究的进阶，航班恢复问题是整个恢复计划的第一个阶段，也是最重要的阶段，关于这方面的研究较多，研究也相对成熟（Filar et al.，2001；Yu and Qi，2004；Kohl et al.，2007；Clausen et al.，2010；Visentini et al.，2013；Zhang and Lau，2014；Zhu et al.，2016；Zhang，2017；Lee et al.，2020；Hassan et al.，2021）。飞机资源是航空公司最昂贵的资源，因为飞机资源短缺而导致的原航班计划受扰的问题在 20 世纪 60 年代就开始受到关注，随着航空业的快速发展，航空业在社会和经济体系中扮演着越来越重要的角色（Berrittella et al.，2009），但是因为恶劣天气、飞机故障、空中流量控制等外界条件造成原航班计划不可行的现象时常发生，给航空公司和旅客带来了巨大的经济损失和不便（Shavell，2001）。本章从单机型和多机型飞机故障以及机场关闭引起的原航班计划不可行的角度的文献进行了回顾，发现文献中关于受扰航班恢复问题的研究很多，但是在引起航班受扰的假设上，考虑的因素大多是飞机资源短缺、机器故障或者机场关闭，而很少同时考虑飞机需要维修的情况。因此，本书将在充分总结现有受扰航班恢复问题模型与算法研究的基础上，为了更深入地研究此问题，深入思考本书问题的特性及复杂度，建立易于求解的数学模型，探讨该问题的最优属性及有效不等式，提出可行高效的启发式求解算法和精确求解算法。从而，一方面可以拓展航空调度相关领域的理论研究，另一方面为解决企业中的实际问题提供一定的指导和建议。

其次，关于机场地勤等支持设施调度的研究较少，有限的研究中大多又集中在对机场行李运输车辆调度、机场跑道调度以及机场员工调度上，只有少量文献研究机场任务指派问题上。因此，本书中将在充分总结现有机场任务指派问题模型及算法研究的基础上，为了更深入研究此问题，针对问题的约束建立的数学优化模型，并通过 CPLEX 优化软件进行求解；为了精确求解大规模问题，采用列生成算法对该问题进行求解，最后通过对多种规模算例的测试验证所采用精确算法的正确性及效果，并对测试结果进行分析总结。

第3章 多因素不确定环境下受扰航班恢复问题的改进时空网络算法研究

3.1 引 言

随着航空运输市场的快速发展，航空业在国民经济生产生活中发挥着巨大的作用。与其他运输行业相比，航空运输具有速度快、效率高、覆盖范围广等多种优势，与此同时航空运输业也面临着复杂的规章制度和条例，对整个过程的安全有绝对性的高要求。随着航空运输量要求的不断增加，我国航空领域正在面临着日益严重的空中拥挤问题，除此之外，由于恶劣天气等不可控因素造成航班延误的比例也在逐年升高，其中，航班延误是指不能按原照航班计划执行的航班。当航班发生延误时，航班公司运行调度人员需要对航班计划进行实时调整，使得航班在最短时间内恢复正常，同时还要确保公司为此支付的成本最小化。另外，随着航班数量的增长，依靠调度人员的经验进行航班调整变得越来越困难，因此研究智能优化算法有着重要的现实意义，不仅能够提高航空公司的运营效率，还可增强调度方案的灵活性，也为接下来机组排班计划的研究提供依据。

本章研究的受扰航班恢复问题（Interrputed Flight Recovery Problem, IFRP）是指当原来的航班计划遇到干扰（如飞机维修等因素）使得部分航班延误甚至取消，出现原航班计划不可行的情况，这就需要对原来的航班计划进行重新排列快速恢复飞机航线（航线是由航班组成的），降低航空公司的损失。其中，航班计划是航空公司在整个航线网络上对所有航班进行设计和优化的过程，完整的航班计划包含航线、航班（航班号、起降时刻、起降机场等信息）、班期（某航班在周期内的哪几天被执行）、班次（每个航线上有多少航班）、机型（飞机型号）等信息，它是航空公司运营活动的基础，也是航空公司整个运营计划的核心，飞机排班、机组人员排班等都是在此基础上展开的。由于航班恢复问题是一个非常复杂的实时优化问题，其解空间随着飞机和航班数量的增加而呈指数级增加，是一个多参数、多约束的非确定性多项式时间（Non-deterministic Polynomial，NP）难问题。

　　受扰航班恢复问题的目标是尽快恢复受扰航班和尽量减小航班延误时间、航班取消个数、维修取消个数以及航班交换个数，这些恢复措施有不同的惩罚系数。除了上述提到的情况，当进行飞机路线恢复问题时还要遵守以下的约束：（1）任何时候，最多只能有一个任务（航班或者维修）安排给一架飞机；（2）每一架飞机刚开始都有一个指定的可获得机场，那么该架飞机开始执行任务（航班或者维修）时必须和任务的开始机场相匹配；（3）指派给同一架飞机的任何两个连续的任务（航班或者维修）应该"首尾"相连接，也就是说，前面任务完成时的机场和后面一个相连任务开始时的机场是一样的；（4）对于每一个机场尽量保持机场飞机数目的平衡，例如，图 3-1 中在最后的降落机场"DEF"上有两架飞机，那么在接下来的飞机航线恢复问题的可行解中，当恢复问题完成时尽量保持有两架飞机降落在机场"DEF"上，然而此约束为软约束，如果有机场最后没有保持这个平衡，将会在目标函数中添加惩罚；（5）每架飞机的第一个任务（航班或者维修）的开始时间不能早于该飞机可飞行的开始时间，同理，最后一个任务（航班或者维修）的结束时间也不能晚于该飞机的结束时间；（6）对于每架飞机所执行的连续的两个航班任务之间都必须满足一个周转时间（30 分钟），这个周转时间是飞机为执行接下来的航班任务做准备，包括：旅客下机、食物补给、飞机检测、清洁等。

　　航班计划是规定正班飞行的航线、机型、班次和班期时刻的计划。航空公司在制定航班计划时会将多个连续的航班（满足时间、机场匹配等约束）分配给一架飞机。造成原航班计划不可行的因素有机器故障、恶劣天气、机场关闭、旅客以及空管等，图 3-1（a）给出由故障维修引起的原航班计划不可行的情况，图中给出了原航班计划中每架飞机执行航班的集合，

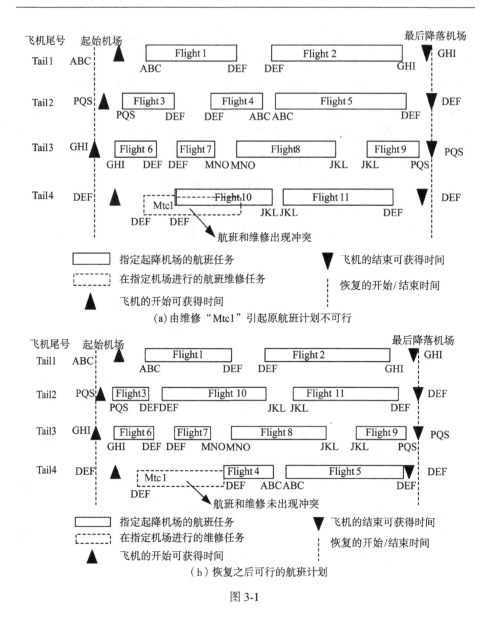

图 3-1

比如尾号为"Tail 2"的飞机执行航班集合"Flight3、Flight4 和 Flight5"（航班用实线框表示），每个航班都有起降机场，比如"Flight1"的起飞机场为"ABC"，降落机场为"DEF"，另外图中也标明了每架飞机的起始机场和最后降落机场（比如尾号为"Tail 1"的飞机起始机场为"ABC"，最后降落机场为"GHI")。而图中的虚线框代表维修，即维修"Mtc1"是在指定机场"DEF"对尾号为"Tail 4"的飞机进行的维修任务（维修时间：8:10—14:30），由于维修不能推迟，也不能交换（维修是针对飞机进行维修的，要求在固定的机场和固定的时间内完成），因此就和航班"Flight10"出现冲突（如果尾号为"Tail 4"的飞机执行维修任务"Mtc1"就不能按原航班计划正常执行航班"Flight10"），造成原航班计划不可行，如何对受扰航班进行恢复，使得恢复之后的航班计划可行，同时使得恢复成本最小？由于每一种恢复措施都具有一定的成本，因此采用不同的恢复措施会产生不同的成本，如果对航班"Flight10"进行延误、交换或者取消，这里就需要衡量航班延误成本、航班交换成本、航班取消成本与旅客的经济补偿成本（与航班延误时长成正相关）之间的大小。比如，延误时长不大于 4 个小时时，采取航班延误和航班交换优于航班取消（如果取消航班"Flight10"，导致后面航班由于不满足机场匹配也会被取消）等恢复措施；延误时长大于 4 个小时时，采取航班取消优于其他恢复措施。如图 3-1（b）所示，采取航班交换和航班延误进行恢复，即飞机尾号"Tail 2"执行航班"Flight3、Flight10 和 Flight11"，尾号"Tail 4"执行航班"Fight4 和 Flight5"（恢复之后的这两个航班相对于原航班计划推迟了），恢复之后的航班计划为可行的航班计划，同时航空公司和旅客的经济损失又最小（航班或维修都执行，延误的时长也最小）。

　　在求解受扰航班恢复问题的研究中，时空网络算法 Yan and Yang（1996）可对每架飞机的可恢复航线进行寻找，但是随着问题规模变大，在问题求解过程中将会面临巨大的困难，因为飞机可行航班路线的组合数量变的巨大，计算量也随之增大，该算法需要的计算时间远远超过 30 分钟，很难达到航空公司实时控制的要求。该文章以恢复措施的成本最小化为目标函数，采用一种改进的时空网络算法，给出占优准则，有效减少航班路线的组合数量，实现在时间上和空间上对飞机航线跟踪的同时还尽量考虑多种调度策略，包括航班延误、航班取消、维修取消、飞机交换以及最终机场飞机数量不平衡等惩罚措施。在改进的时空网络算法基础上建立数学优化模型并进行求解，通过测试航空公司实际算例，验证了本书提出的方法的正确性和有效性，最后通过多种规模的算例分析本章提出算法的效果。

3.2　问题描述和数学模型

3.2.1　问题描述

以下详细介绍关于受扰航班恢复问题以及恢复过程中所涉及的元素，比如：机场、飞机、航班、维修以及航线。

机场：每个机场有固定的开始时间和关闭时间，在机场的可利用时间段内安排航班任务和维修任务，航空公司根据机场、飞机以及航班需求等信息制定正常的航班计划。

飞机具有以下属性：

（1）开始可获得时间：飞机执行任何航班任务或者进行维修任务都是在可获得时间以后才允许的；（2）结束可获得时间：在这个时间以后飞机必须停在某个机场，不能再执行任何航班或者维修任务；（3）开始可获得机场：在飞机的开始可获得时间及以前飞机所停放的机场；（4）结束可获得机场：在飞机结束可获得时间及以后飞机所停放的机场；（5）尾号：飞机的唯一标识。

航班具有以下属性：

（1）起飞机场；（2）降落机场；（3）计划起飞时间；（4）计划降落时间；（5）指定飞机尾号，文中所描述的航班任务是指由指定的某一架飞机在一定时间段内从航班的起飞机场到降落机场这一过程，但是如果遇到特殊情况，航班可以在一定的时间范围内选择推迟，本文中航班最大的推迟时间不能超过四个小时。

维修具有以下属性：

（1）维修的开始时间；（2）维修的结束时间；（3）维修所在的机场；（4）维修指定的飞机，另外需要说明一点，维修任务的开始时间和结束时间都是固定的，也就是说维修不能推迟。航线：一架飞机的航线是由航班和维修任务按一定顺序排列组成的，要满足机场匹配、时间匹配以及飞机匹配，如图 3-2 所示，BCN、GVG、MIL、SAM 表示四个机场，F1-F9 表示九个航班和 Mtc 代表一个维修任务。其中，F1→F5→F7、F2→F6→F8→F9 和 F3→Mtc→F4 代表三条航线，其中最后一条航线包含维修任务。

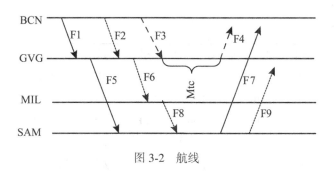

图 3-2　航线

在恢复措施中，其中航班延误是指航班实际的"起飞和降落时间"与"原航班计划中航班的起飞时间和降落时间"不一样；航班交换是指恢复方案中指派执行航班的飞机尾号和原航班计划中指派给此航班的飞机尾号不一致。如图 3-3（a）所示，给出了原航班时刻表，图 3-3（b）和图 3-3（c）分别给出了航班延误和航班交换的情况。

其中，图 3-3（b）中实线表示原航班计划中航班所在的航线，虚线表示延误的航班，如图所示，航班"F11"由飞机"Tail 1"执行从机场"ABC"起飞到达机场"GHI"；航班"F12"由飞机"Tail 1"执行从机场"GHI"起飞到达机场"DEF"；航班"F13"由飞机"Tail 1"执行从机场"DEF"起飞到达机场"ABC"，实（虚）线上标有航班以及对应的飞机尾号。航班 F11、F12、F13 都出现了延误，那么，航线 L：F11→F12→F13 的延误成本为：延误成本（航线 L）＝延误成本（F11）＋延误成本（F12）＋延误成本（F13），即一条航线的延误成本等于这条航线上所有航班延误成本之和。

其中，图 3-3（c）表示航班交换的情况，航班"F11"由飞机"Tail 2"执行，航班"F12"由飞机"Tail 1"执行，航班"F13"由飞机"Tail 3"执行，其中执行航班"F11、F13"的飞机尾号和原航班计划中指定的飞机尾号不一致，执行航班"F12"的飞机尾号和原航班计划中指定的飞机尾号一致，因此，航班"F11、F13"属于交换航班，航班"F12"不属于交换航班。那么，航线 L：F11→F12→F13 的交换成本为：交换成本（航线 L）= 交换成本（F11）+交换成本（F13），即一条航线的交换成本等于这条航线上所有航班交换成本之和。

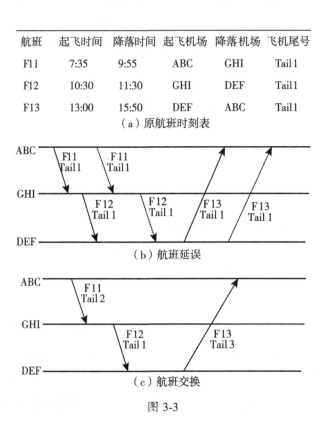

航班	起飞时间	降落时间	起飞机场	降落机场	飞机尾号
F11	7:35	9:55	ABC	GHI	Tail 1
F12	10:30	11:30	GHI	DEF	Tail 1
F13	13:00	15:50	DEF	ABC	Tail 1

（a）原航班时刻表

（b）航班延误

（c）航班交换

图 3-3

3.2.2　数学模型

基于飞机的航线建立一个整数规划模型，首先，给出模型中设计的参数定义。

1. 集合变量

A 可获得机场的集合；P 飞机集合；F 航班集合；M 维修任务集合；L 飞机

飞行路线集合。

2. 上下标号记号

f：航班上标，$f \in F$；l：航班路径下标，$l \in L$；p：飞机上标，$p \in P$；a：机场下标，$a \in A$；m：维修上标，$m \in M$；d：航班 f 是延误航班的上标，$f \in F$；sw：航班 f 是交换航班的上标，$f \in F$；vb：机场 a 违反飞机数目平衡的上标，$a \in A$。

3. 参数变量

b_l^f：当航班 f 包含在航线 l 中时等于 1，否则等于 0；d_{la}：当航线 l 执行完最后一个航班任务（或者维修任务）终止在机场 a 时等于 1，否则等于 0；h_a：恢复期结束时，为执行正常航班计划机场 a 需要的飞机架数；c_f：取消航班 f 的成本；c^m：取消维修 m 的成本；c_f^d：航班 f 延误单位时间的成本，$f \in F$；c_f^{sw}：航班 f 是交换航班的成本，$f \in F$；c_a^{vb}：机场 a 违反飞机数目平衡的成本，$a \in A$；D_l^p：飞机 p 执行航线 l 的成本，包含航班推迟、维修取消、航班交换以及机场 a 违反飞机数目平衡的惩罚，$p \in P$，$l \in L$。

4. 决策变量

x_l^p：飞机 p 执行航线 l 时等于 1，否则等于 0；y_f：航班 f 取消时等于 1，否则等于 0。

通过上面定义的各种变量，建立数学优化模型：

$$\min \quad Z = \sum_{p \in P} \sum_{l \in L} D_l^p x_l^p + \sum_{f \in F} c_f y_f \tag{3-1}$$

$$s.t. \quad \sum_{p \in P} \sum_{l \in L} b_l^f x_l^p + y_f = 1, \ f \in F \tag{3-2}$$

$$\sum_{p \in P} \sum_{l \in L} b_l^m x_l^p \leqslant 1, \ m \in M \tag{3-3}$$

$$\sum_{l \in L} b_l^s x_l^p \leqslant 1, \ s \in S, \ p \in P \tag{3-4}$$

$$\sum_{p \in P} \sum_{l \in L} d_{la} x_l^p = h_a, \ a \in A \tag{3-5}$$

$$\sum_{l \in L} x_l^p \leq 1, \ p \in P \tag{3-6}$$

$$x_l^p \in \{0, \ 1\}, \ l \in L, \ p \in P \tag{3-7}$$

$$y_f \in \{0, \ 1\}, \ f \in F \tag{3-8}$$

式（3-1）为目标函数，要求整个恢复过程中成本最小化；式（3-2）是航班覆盖约束，表示每个航班任务要么被执行，要么被取消；式（3-3）是对维修任务的约束，要求每一个维修任务最多被一条航线所覆盖；式（3-4）是对可恢复航线最终状态的约束，即每条可恢复航线中最后一个航班所在的机场必须属于最终状态集合中的某一个机场；式（3-5）是飞机流平衡约束，表示恢复期结束后各机场拥有的飞机架数需要满足后续航班正常执行需要的架数；式（3-6）飞机可行航线的流量约束，表示每架飞机最多只能执行一条可行航线；式（3-7）和式（3-8）是决策变量约束。

3.3　改进时空网络算法

时空网络技术在构建受扰航班恢复网络过程中，可实现对飞机在时间和空间上的跟踪，在网络生成的过程中可以产生每架飞机的所有可恢复的航线，在这些可恢复航线中找出恢复成本最小的飞机可行航线。

3.3.1　时空网络的描述

时空网络由节点和有向边组成，节点包含时间和空间二维坐标。其中机场为横坐标（用离散点表示），时间为纵坐标，时间起点为飞机的开始可获得时间，终点为航班恢复期结束的时间点，时间是连续的，为了表达方便可将时间离散从而得到若干结点，结点的数量取决于离散的时间区间。为了方便表达文中时空网络构建的过程，需要定义以下概念。

1. 三种结点类型

源结点：当前飞机开始可获得时间以及所在的机场；

中间结点：该时刻在该机场飞机可以获得的结点，由唯一的状态表示；

汇聚结点：航线结束时的最终（恢复期结束时飞机所处的状态）状态结点；

2. 四种边类型

航班边：航班计划中的某一个航班 f，航班边的成本，即执行这个航班的费用，用权值 C^f 表示，其中 $C^f = c_f^d + c_f^{sw}$；

维修边：由维修和航班组成，飞机进行维修之后再执行航班任务，这条边的成本由维修费用和航班边产生的费用组成；

汇聚边：飞机执行完最后一个航班任务之后产生的中间节点和汇聚结点之间的边，权值为0；

维修汇聚边：飞机执行完最后一个航班任务之后再进行维修随后连接汇聚结点产生的边，权值为维修的费用，不同的结点和边如图3-4所示。

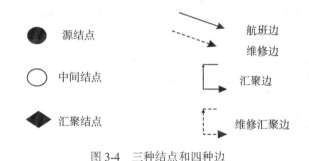

图 3-4　三种结点和四种边

3.3.2　时空网络算法的构建

构建每架飞机的时空网络图，首先，输入以下信息：机场的集合 A；飞机集合 P；航班集合 F；维修集合 M；其次，给出每架飞机 p 的最终状态集合：S_p，$p \in P$。伪代码如下：

Step 1 for($p \in P$) do
　　建立飞机p的源结点Create _Aircraft_SourceNode (SN) (编号id、所在机场 airport、可获得时间obtainTime),令N={SN};

Step 2.　While ($N \neq \Phi$) do
　　　　选择一个节点 $i \in N$，令当前结点CurNode =I;

Step 3.　for ($f \in F$) do
　　　　　if(f.departurAirport ==SN.Airport) do
　　　　　　if(Is_Feasible _FlightArc(CurNode ,i)==1建立一个中间结点ZN(和源结点相比中间结点多两个属性: 前结点、前航班索引) then 　令 $N \leftarrow ZN \cup N$;
　　　　　　if(Is_Feasible _MtcArc(CurNode ,i)==1建立一个有维修任务的中间结点ZN(和上面的结点相比此结点又多了一个(索引: 维修索引) then 　令 $N \leftarrow ZN \cup N$;

Step 4.　for ($\xi \in S_p$) do
　　　　　if(CurNode .Airport= =Aircraft_Final_Sp.Airport) do
　　　　　　if(Is_Create _TerminationArc _To_SinkNode (i,ξ)==1建立一条边连接SinkNode ;
　　　　　　For ($m \in Mtc$) do
　　　　　　　if(CurNode .Airport==m.Airport &&m.TailNumber ==p.TailNumber) do
　　　　　　　　if(Is_Create _MtcTerminationArc _To_SinkNode (i, m,ξ)==1) 建立一条维修边连接SinkNode ;

Step 5.　令 $N \leftarrow N \setminus \{CurNode\}$;

Step 6.　按结点可获得时间的大小对集合N中的元素进行升序排列;

Step 7.　取出N中的第一个结点node，令CurNode =node;
　　　　转至 Step 2;

Step 8.　end While;

Step 9.　end for .

　　用一个算例加以描述，表 3-1 给出三架飞机的原航班计划时刻表。其中，飞机 P1 的信息属性［460，1140，JOE，JOE］（［飞机开始可获得时间，飞机结束可获得时间，开始可获得机场，结束可获得机场］）、飞机 P2 的信息属性［460，1140，DYS，ENB］、飞机 P3 的信息属性［460，1140，DYS，ENB］，维修任务的信息属性［600，760，JIM，P2］（［维修开始时间，维修结束时间，维修任务所在的机场，维修指定的飞机），设恢复期 T 为 1140（单位分钟）。由于允许航班交换，所以原航班计划中航线的最终机场都可以作为每架飞机的最终状态机场，即每架飞机的最终状态都有两个 {ENB，1140}

和 {JOE，1140}（汇聚结点）。另外，这里设航班的最大延误时间是 240 分钟、连续航班之间的最小周转时间是 30 分钟。可以使用时空网络算法找出每架飞机在恢复期 T 内的所有可恢复航线，图 3-5 只给出了飞机 P2 的时空网络图，包含了飞机 P2 在恢复期 T 内的所有可恢复的航线。

表 3-1 航班时刻表

飞机尾号	航班 ID	开始可获得时间	结束可获得时间	起飞机场	降落机场
P1	F11	510	545	JOE	JIM
	F12	600	690	JIM	DYS
	F13	720	820	DYS	ENB
	F14	855	950	ENB	JOE
P2	F21	460	570	DYS	JIM
	F22	680	870	JIM	ENB
P3	F31	480	590	DYS	JIM
	F32	640	760	JIM	JOE
	F33	820	910	JOE	ENB

图 3-5 中的源结点 {DYS，460}，汇聚结点 {ENB，1140} 和 {JOE，1140}，中间结点 {JIM，600}、{ENB，850}、{JOE，980}、{ENB，1100}、{DYS，720}、{ENB，850}、{ENB，910}、{JOE，1035}、{ENB，900}、{JOE，790}、{ENB，940}、{JOE，1025}、{JOE，1065} 以及 {ENB，1135} 等，飞机的每一条可恢复航线都是从源结点到汇聚结点，这些节点为飞机 P2 组合成了共 37 条可恢复航线。其中，在满足恢复费用最小化的情况下对于飞机 P2 的最优恢复航线为：F21→维修→F22→F14→F33。这里也可以看出时空网络算法在生成结点组合成航线的过程中数量呈指数增长的特点，当算例的规模增大，航班个数增加时，生成的可恢复航线也急剧增大，这就需要对时空网络算法进行改进从而减少不必要航线的生成。

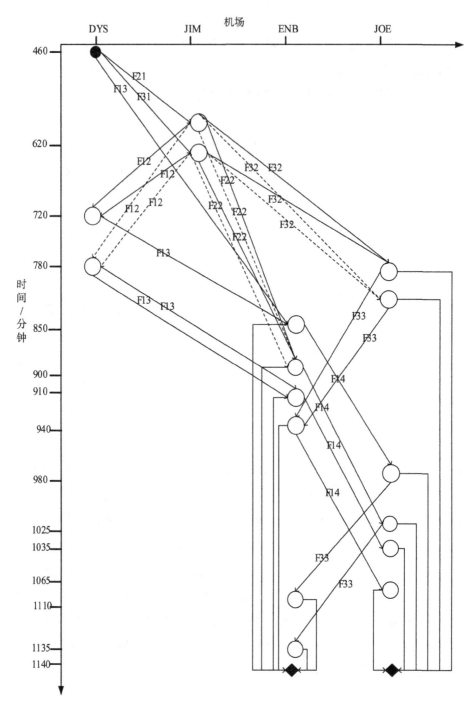

图 3-5　飞机 P2 的时空网络图

3.3.3 改进措施

时空网络算法可以为每一架飞机找到所有的可恢复的航线，然而随着问题规模的增加，可恢复航线的数量呈指数形式增加，这样就导致在短时间不能找到有效的航班恢复计划。时空网络算法产生的有所航线里只有极少数的航线最后保留在最优解当中，如果我们能够提前对航线进行筛选，去掉一部分不必要的航线（在最优解中一定不会出现的），这样就可以有效地缩小可恢复航线的数量，在增大求解问题规模的同时也能加快求解速度，满足航空公司实时性的要求。下面从两个占优准则来说明如何对已生成的可恢复航线进行预处理。

占优准则 1

飞机的航线是由航班和维修任务组成的，由于允许飞机交换，所以网络时空算法生成的每条可恢复航线中的航班最后指定的飞机尾号与原航班计划中指定的飞机尾号有可能不同。

每条航线由两方面去评估：长度（L_g）和纯度（P_u）。

L_g：航线中包含的航班个数；

P_u：航线中航班与原航班计划中指定飞机尾号不同的个数。

比如由表 3-1 中的算例应用时空网络算法之后，飞机 P2 总共有 37 条可恢复航线，其中两条航线如图 3-6 所示：第一条航线的 L_g 是 4，P_u 是 2；第二条航线的 L_g 是 3，P_u 是 2。

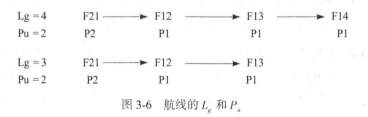

图 3-6 航线的 L_g 和 P_u

性质 1 一条航线，如果它的 L_g 较大，P_u 较小，那么这条航线保留在最后可恢复航线候选集中的概率就越大；相反，拥有较小 L_g，较大 P_u 的航线被占优，被占优的航线从可恢复航线候选集中被删除。

证明：设两条航线 L^1 和 L^2，其中航线 L^1 的长度和纯度分别为 L_g^1 和 P_u^1，

航线 L^2 的长度和纯度分别为 L_g^2 和 P_u^2，$L_g^1 \geq L_g^2$，$P_u^1 \leq P_u^2$。L_g 越大，其所包含的航班个数越多，那么这些航班最后在整个航班恢复方案中航班取消的概率就越小，从而由取消航班产生的成本就越低，P_u 较小，说明这条航线中航班交换的个数越小，那么这条航线和原航班计划中所包含的航线相似度越大，从而由航班交换产生的成本就越低；相之相反。

性质 1 说明一条航线的 L_g 较大，那么其在形成的过程中各个航班的连接更加有效紧密，没有浪费太多的时间在停机等待上，特别是当飞机数量有限时，这样的航线更容易被安排执行；其次，当一条航线的 P_u 较小时说明这条航线里的航班在原航班计划中几乎也在一条航线上，更加接近原航班计划中的航线，减少恢复成本，即减少目标函数值。

占优准则 2

对于有维修任务的飞机，飞机的可恢复航线由航班和维修任务组成，其中维修任务是不能被推迟执行的。虽然我们知道维修是可以被取消的，但是从安全方面考虑，维修任务在一般情况下是被要求正常执行的，这也是为什么删除维修任务时惩罚系数会很大的原因。

在应用时空网络算法对有维修任务的飞机进行可恢复航线生成时发现，这些航线中有很多对的 L_g 和 P_u 大小一样，但是每对航线的成本（恢复航线的费用）相差甚大。

比如由表 3-1 中的算例可知，飞机 P2 在应用时空网络算法之后总共有 37 条可恢复航线，其中两条航线如图 3-7 所示：第一条航线的 $L_g' = 4$，$P_u' = 3$，$Cost1$ ＝取消维修的成本 c^m ＋航班交换成本 c_f^{sw} ＋航班延误成本 c_f^d；第二条航线的 $L_g'' = 4$，$P_u'' = 3$，$Cost2$ ＝航班推迟成本 c_f^d ＋航班交换成本 c_f^{sw}）。

性质 2　假定飞机 p 有维修任务，$\forall L_1, L_2 \in L^p$，$p \in P$，如果 $L_g^1 = L_g^2$，$P_u^1 = P_u^2$，并且 $\forall f_1 \in L_1$，$\exists f_2 \in L_2$，有 $f_1 = f_2$，如果航线 L_1 里面没有包含维修任务，航线 L_2 里面有维修任务，或者 $Cost_{L_1} \geq Cost_{L_2}$，那么航线 L_2 占优航线 L_1。

证明：由性质中的假定可知两条航线的 $L_g^1 = L_g^2$，$P_u^1 = P_u^2$，并且 $\forall f_1 \in L_1$，$f_2 \in L_2$，都有 $f_1 = f_2$，又因为飞机 p 是有维修任务，而航线 L_1 里面没有包含维修任务，航线 L_2 里面有维修任务，（航空公司由于安全性要求，取消维修任务的成本系数设置较大），所以在恢复方案中飞机有维修任务的会首先考虑执行维修任务，那么航线 L_1 被航线 L_2 占优；如果 $Cost_{L_1} \geq Cost_{L_2}$，那么恢

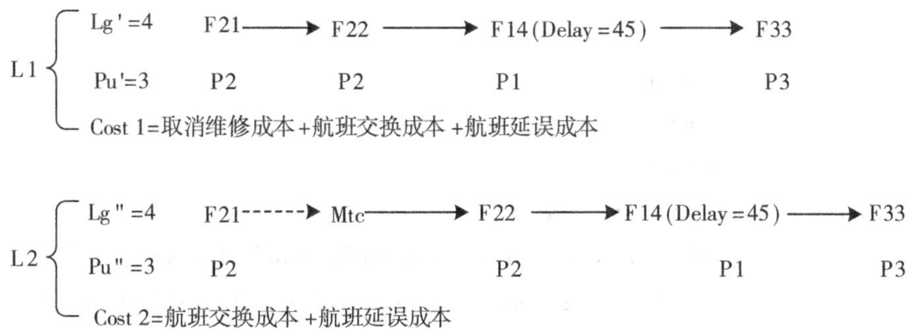

图 3-7 航线的 L_g、P_u 以及 Cost

复方案中飞机执行航线 L_2 带来的恢复成本小于执行航线 L_1 的成本，即飞机执行航线 L_2 的目标函数值较小，那么航线 L_1 被航线 L_2 占优。

占优的航线保留在可恢复航线候选集中，被占优的航线从候选集中删除，从而减少可恢复航线的总数量，在模型的求解过程中减少计算量。

改进时空网络算法的伪代码

首先，给出：A 可利用机场的集合；P 飞机集合；F 航班集合；M 维修任务集合；其次，给出每架飞机 p 的最终状态集合 S_p，$p \in P$。

Step 1 For ($p \in P$) do

　　　　建立飞机 p 的源结点 $Create\_Aircraft\_SourceNode(SN)$（编号 id、所在机场 airport、可获得时间 obtainTime、离散区间上下界 TimeUp/TimeDown），令 $N = \{SN\}$；

Step 2 while ($N \neq \Phi$) do

　　　　选择一个结点 $i \in N$，令当前结点 $CurNode = i$；

Step 3　　for ($f \in F$) do

　　　　　　if (f.departureAirport == SN.Airport) do

　　　　　　　　if ($Is\_Feasible\_FlightArc(CurNode, i) == 1$) 建立一个中间结点 ZN（和源结点相比中间结点多两个属性：前结点、前航班索引）then

　　　　　　　　　　令 $N \leftarrow ZN \cup N$；

　　　　　　　　end if

　　　　　　　　if ($Is\_Feasible\_MtcArc(CurNode, i) == 1$) 建立一个有维修任务的中间结点 ZN（和上面的中间结点相比此结点又多了一个索引：维修索引）then

$$令 N \leftarrow ZN \cup N ;$$

　　　　　　　　　　end if

　　　　　　　　end if

　　　　　　end for

Step 4　　　for ($\xi \in S_p$) do

　　　　　　　　if（CurNode. Airport = = Aircraft_ Final_ Sp. Airport）do

　　　　　　　　　if ($Is\_ Create\_ Ter \min ationArc\_ ToSinkNode(i, \xi)$

　　　　　　　　　　= = 1）建立一条边连接 SinkNode

　　　　　　　　end if

　　　　　　　　　for ($m \in Mtc$)

　　　　　　　　if（CurNode. Airport = = m. Airport&&

　　　　　　　　　　　　　　　　　　　　　　m. TailNumber = =

p. TailNumber）do

　　　　　　　　　if ($Is\_ Create\_ MtcTer \min ationArc\_ ToSinkNode(i, m, \xi)$

= = 1）建立一条维修边连接 SinkNode

　　　　　　　　　end if

　　　　　　　　　　end if

　　　　　　　　end for

　　　　　　end if

　　　　　end for;

Step 5　令 $N \leftarrow N\{CurNode\}$;

Step 6　for ($l \in L$) do

　　　　 $Aircraft\_ Lines\_ Domated1$ 占优原则 1 处理

　　　　　end for;

Step 7　　for ($l \in L$) do

　　　　 $Aircraft\_ Lines\_ Domated2$ 占优原则 2 处理

　　　　　end for;

Step 8　end While

Step 9　end For

3.3.4　改进时空网络算法流程图

改进时空网络算法流程如图 3-8 所示。

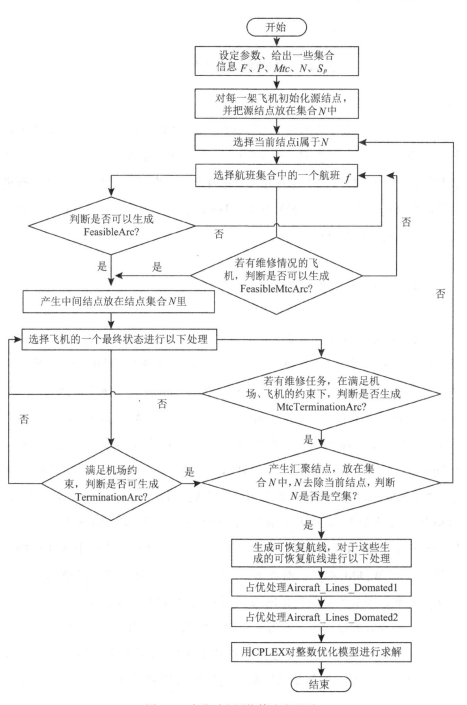

图 3-8 改进时空网络算法流程图

3.4　算例测试及结果分析

本节所有测试在一个频率为 2.8 赫兹，运行内存为 2G 的个人计算机上进行。算法代码在 C++中编码，编译环境为 Visual Studio 2008，并通过 C++调用优化软件 CPLEX 12.2 对数学优化模型进行求解。为了验证本文所提出的改进网络时空算法的有效性，称此算法为"ITSN"，结合国内某航空咨询公司提供的不同规模的实际算例进行测试分析。

3.4.1　参数值的设置

表 3-2 中给出了不同参数的值，其中"T"恢复周期，和飞机的结束可获得时间有关（单位秒）；"Max_WaitTime"：航班最大等待时间，在连接航班生成航线时，最大等待时间；"Ground_Time_Bound"：飞机最终状态所处时间差与航线中最后一个航班降落时间差的界限；"Max_MtcWaitTime"：等待维修时间限；"TurnTime"：两个连续航班之间的最小转机时间；"Max_DelayTime"：航班允许的最大延误时间；"W_CancelMtc"：取消维修的成本；"W_CancelFlt"：取消航班的成本；"W_VBalance"：恢复方案结束后，机场中飞机的数目违反了原航班计划中机场飞机数目的成本；"W_Vposition"：飞机执行完航线之后最终所在机场与原航班计划中所在机场不一致成本；"W_FltDelay"：航班延误的成本（20/分钟）；"W_FltSwap"：航班交换成本，即航班最终指派的飞机尾号与原航班计划中指派的飞机尾号不一致。参数值的设置也是参考公司给的数据，其中相对于其他恢复措施，取消维修和取消航班成本（惩罚）都比较大，为了安全考虑，维修任务一般是要被执行的，而航班的取消会给航空公司和乘客带来经济损失和不便。

表 3-2   参数值的设定

T	Max_Wait Time	Ground_Time Bound	Max_MtcWait Time	TurnTime	Max_Delay Time
102000	24 * 3600	34000	34000	1800	14400
W_Canel Mtc	W_CancelFlt	W_VBalance	W_Vposition	W_FltD elay	W_FltSwap
10000	5000	200	10	20	10

3.4.2 测试结果分析

表 3-3 中给出了测试结果，其中，"*** f- ** p- * m"表示算例中包含有"***"个航班任务、"**"架飞机和"*"个维修任务。第二给出算例的"目标函数值"；第三、四、五、六列分别给出"可恢复航线总数""运行时间（秒）""占优原则处理后的可恢复航线总数"，以及"改进后的运行时间（秒）"。从表 3-3 的第三、五列数据可知随着算例规模的增大，可恢复航线数急剧增加，如果不对这些可恢复航线做预处理，在此基础上直接调用 CPLEX 对优化模型进行求解，对于大规模的算例，整个算法在 30 分钟内 CPLEX 不能给出最优的恢复方案。而利用改进的时空网络算法"ITSN"，通过"占优原则 1"和"占优原则 2"对可恢复航线进行筛选，删除被占优的航线，有效地减少了可恢复航线的总数，降低了算例的求解时间，使得整个算法的运算时间保持在 5 分钟内，从而可以满足现实中的实时决策需求，证明了考虑占优原则来改进算法具有理论和现实意义。

表 3-3   "ITSN"算法的测试结果

算例	目标函数值	可恢复航线总数	运行时间（s）	占优原则处理后的可恢复航线总数	改进后的运行时间（s）
15f-3p-1m	860	734	29	69	17
28f-6p-2m	10340	13182	154	1274	39

续表

算例	目标函数值	可恢复航线总数	运行时间（s）	占优原则处理后的可恢复航线总数	改进后的运行时间（s）
36f-8p-3m	10790	11775	281	1191	90
42f-9p-3m	2950	11214	406	1063	113
53f-12p-5m	30930	146205	1862	1324	170
56f-4p-2m	4430	6953	341	2820	180
78f-17p-6m	13740	22889	1163	3236	237
110f-26p-6m	18690	347596	2100	2026	290

从表3-3的第三、五列数据对比发现"ITSN"算法的有效性。其中，第三列得到的"可恢复航线总数"是采用一般的时空网络算法，没有进行任何"占优原则"的处理，第一个小规模的算例"15f-3p-1m"总共有734条可行的恢复航线，但是当算例的规模增大时，可恢复航线的数值急剧增加，比如算例"110f-26p-6m"的可恢复航线的总数达到了347596条，如果不对这些可恢复航线做处理，在此基础上直接调用CPLEX对优化模型进行求解，对于大规模的算例在30分钟内CPLEX不能给出恢复方案。利用改进的时空网络算法"ITSN"，通过"占优准则1"和"占优准则2"对可恢复航线进行筛选，删除掉那些被占优的航线（删除那些不可能出现在最优解中的航线），其中"占优准则2"只对有维修任务飞机的可恢复航线进行筛选，通过筛选之后，保留下来的可恢复航线数大幅度减少，从而为最后的CPLEX建模求解大大缩减了解空间，加快了整个算法的运行时间，比如，算例"53f-12p-5m"，刚开始的可恢复航线总数达到了146205条，进过"占优准则1"和"占优准则2"处理之后，可恢复航线的总数为1324条，充分证明了"ITSN"算法的有效性。另外，在求解时间上，对于小规模的算例（15f-3p-1m）只需要"17s"，而算例"110f-26p-6m"总共的求解时间4.5min（"ITSN"算法耗时2min、CPLEX求解（为了得到整数解在求解过程中进行了三次分支）耗时2.5min）。

对于每个算例的详细恢复方案见表3-4。第一、二列分别表示算例规模的大小和算例的目标函数值，第三、四和五列分别表示取消的航班个数、延误的航班个数和交换的航班个数，最后一列"各延误时间段航班延误个数分布情况"，在这里分为"≤0.5h""0.5h～2h"以及"2h～4h"不同的时间段。

表3-4 算例的详细恢复方案

算例	目标函数值	取消航班个数	延误航班个数	交换航班个数	各延误时间段航班延误个数分布情况		
					≤0.5h	0.5h～2h	2h～4h
15f-3p-1m	860	0	3	0	3	0	0
28f-6p-2m	10340	0	9	12	5	2	2
36f-8p-3m	10790	0	11	19	8	1	2
42f-9p-3m	2950	0	4	17	2	2	0
53f-12p-5m	30930	2	12	15	9	1	2
56f-4p-2m	4430	0	2	30	0	1	1
78f-17p-6m	13740	0	15	36	10	3	2
110f-26p-6m	18690	0	21	27	11	6	4

从上面表3-4算例的详细恢复情况可知，在所有恢复措施中由于取消航班的成本相对较高，所以在所有算例的恢复方案中航班很少被取消，其中只有算例"53f-12p-5m"的恢复方案中有两个航班被取消，而其他恢复措施中，延误航班和交换航班这两个恢复措施采用的最多。在航班延误时间分布方面，"ITSN"算法给出了更合理的延误时长分布，其中，延误时长不大于半小时（≤0.5h）的延误航班个数占延误航班总个数的62.34%，而延误时长在2h～4h之间的延误航班个数只占了总延误航班个数的16.88%，绝大部分的延误航班分布在短时间的延误区间内，这样的分布更加合理。另外，通过设置不同的参数，比如降低航班取消的成本，增加航班延误成本，测试结果发现CPLEX给出的解中取消航班个数增加，延误航班个数减少，所以可以根据不同航空公司的需求来设置参数。

3.4.3 分析航班延误对恢复方案的影响

由表 3-4 可知航班取消、航班延误和航班交换在恢复措施中采用的次数较多，但是在实际生活中航班延误对旅客的直接影响较大，发生的频率也较多，因此保持这三种恢复措施在目标函数系数中所占权重之和不变的情况下，分析增加和降低航班延误的惩罚值对恢复方案的影响。表 3-5 给出了原"航班延误"惩罚与增加"航班延误"惩罚的测试结果，其中，原"航班延误"惩罚的值是指表 2 中设置的参数值，增加后"航班延误"的惩罚值为 50/分钟。从表 3-5 中的测试结果可知，当增加对航班延误的惩罚时，总的航班延误的个数降低，然而取消维修和航班的个数明显增加，而这些措施的惩罚较大，导致目标函数值增加。

表 3-5 增加航班延误的惩罚

算例	原"航班延误"的惩罚				增加"航班延误"的惩罚				
	目标函数	取消维修个数	取消航班个数	延误航班个数	交换航班个数	目标函数	取消维修个数	取消航班个数	延误航班个数	交换航班个数
15f-3p-1m	860	0	0	3	0	2150	0	0	3	0
28f-6p-2m	10340	0	0	9	12	12150	1	0	3	0
36f-8p-3m	10790	0	0	11	19	13610	0	2	4	10
42f-9p-3m	2950	0	0	4	17	7060	0	0	4	17
53f-12p-5m	30930	0	2	12	15	34300	3	0	6	0
56f-4p-2m	4430	0	0	2	30	9050	0	0	2	30
78f-17p-6m	13740	0	0	15	36	20670	0	2	8	27
110f-26p-6m	18690	0	0	21	27	21730	0	2	12	44
总计	92730	0	2	77	156	120720	4	6	42	128

表 3-6 给出了降低"航班延误"惩罚与原"航班延误"惩罚比较的测试结果，其中，降低后"航班延误"的惩罚值为 10/分钟。从表 3-6 的测试结果

可知，当降低航班延误的惩罚时，总的航班延误的个数增加，同时航班交换的个数也随之增加，而取消维修和航班的个数降低为 0，使得目标函数值显著降低。由此可得，随着航班延误成本的降低，恢复措施中采用航班延误的次数更多，可以有效减少取消维修和航班的个数，从而降低航空公司的经济损失。

表 3-6   降低航班延误的惩罚

算例	原"航班延误"的惩罚					增加"航班延误"的惩罚				
	目标函数	取消维修个数	取消航班个数	延误航班个数	交换航班个数	目标函数	取消维修个数	取消航班个数	延误航班个数	交换航班个数
15f-3p-1m	860	0	0	3	0	430	0	0	3	0
28f-6p-2m	10340	0	0	9	12	5240	0	0	9	11
36f-8p-3m	10790	0	0	11	19	5510	0	0	11	19
42f-9p-3m	2950	0	0	4	17	1580	0	0	4	17
53f-12p-5m	30930	0	2	12	15	19430	0	0	29	49
56f-4p-2m	4430	0	0	2	30	2350	0	0	2	30
78f-17p-6m	13740	0	0	15	36	7090	0	0	15	36
110f-26p-6m	18690	0	0	21	27	9760	0	0	19	53
总计	92730	0	2	77	156	51390	0	0	92	215

从以上对航班延误的分析可知，航班延误成本的高低会对恢复方案产生直接的影响，增加航班延误的成本，恢复方案中就会有更多的航班或者维修被取消，增大目标函数值，也增加了航空公司的经济损失；降低航班延误的成本，恢复方案中就会采取更多航班延误这一恢复措施，从而降低航班或者维修取消的个数，减小目标函数值，降低航空公司的经济损失，但是航班延误也会给旅客造成影响，因此可以根据航空公司的特征来调整恢复措施的参数。

为了更加清晰地表达上述结论，下面给出算例"28f-6p-2m"的原航班计划信息，时间都是以秒为单位，其中表 3-7 是原航班计划表、表 3-8 是飞机信息表、表 3-9 是维修信息表。

表 3-7　　　　　　　　　　　　　　原航班计划表

航班	起飞时间	降落时间	起飞机场	降落机场	飞机尾号
F1	52500	59100	VST	ENB	1
F2	62400	66900	ENB	KOR	1
F3	69600	73500	KOR	ENB	1
F4	76800	91300	ENB	KOR	1
F5	52800	56400	TSL	LEM	2
F6	60000	65100	LEM	DYS	2
F7	67200	72600	DYS	ENB	2
F8	77700	86400	ENB	LEM	2
F9	88800	96600	LEM	ENB	2
F10	57300	63000	DYS	LEM	3
F11	65700	73800	LEM	YCM	3
F12	75900	84900	YCM	LEM	3
F13	87600	92700	LEM	LDA	3
F14	94800	99600	LDA	LEM	3
F15	57000	62100	LEM	LDA	4
F16	64800	73200	LDA	LOO	4
F17	75300	85200	LOO	LDA	4
F18	87600	92400	LDA	LEM	4
F19	96000	101100	LEM	DYS	4
F20	52800	57300	ABH	LEM	5
F21	61800	66900	LEM	DYS	5
F22	70800	76200	DYS	ENB	5

航班	起飞时间	降落时间	起飞机场	降落机场	飞机尾号
F23	82200	89700	ENB	VST	5
F24	92100	98700	VST	ENB	5
F25	60000	65700	ENB	DYS	6
F26	70800	76500	DYS	LEM	6
F27	81600	86700	LEM	DYS	6
F28	88800	94500	DYS	LEM	6

表 3-8　　　　　　　　　　　飞机信息表

飞机尾号	开始可获得时间	结束可获得时间	开始可获得机场	结束可获得机场
1	52500	102000	VST	KOR
2	52500	102000	TSL	ENB
3	52500	102000	DYS	LEM
4	52500	102000	LEM	DYS
5	52500	102000	ABH	ENB
6	52500	102000	ENB	LEM

表 3-9　　　　　　　　　　　维修信息表

维修编号	开始时间	结束时间	指定机场	指定飞机尾号
1	65100	73400	ENB	6
2	62800	66100	LDA	4

　　算例 "28f-6p-2m" 的恢复方案表如 3-10 所示，其中，倒数第二例 "航班交换情况" 中 "N" 表示这个航班不属于交换航班，"Y" 表示这个航班属于交换航班。

表 3-10   **"28f-6p-2m" 的航班调整方案**

飞机	航班编号	调整后的起飞时间	调整后的降落时间	延误时间（秒）	航班交换情况	取消成本
1	F1	52500	59100	0	N	—
	F25	60900	66600	900	Y	—
	F26	70800	76500	0	Y	—
	F27	81600	86700	0	Y	—
	F28	88800	94500	0	Y	—
2	F5	52800	56400	0	N	—
	F6	60000	65100	0	N	—
	F7	67200	72600	0	N	—
	F4	76800	91300	0	N	—
3	F10	57300	63000	0	N	—
	F11	65700	73800	0	N	—
	F12	75900	84900	0	N	—
	F13	87600	92700	0	N	—
	F14	94800	99600	0	N	—
4	F15	57000	62100	0	N	—
	F16	66100	74500	1300	N	—
	F17	76300	86200	1000	N	—
	F18	88000	92800	400	N	—
	F19	96000	101100	0	N	—
5	F20	52800	57300	0	N	—
	F21	61800	66900	0	N	—
	F22	70800	76200	0	N	—
	F8	78000	86700	300	Y	—
	F9	88800	96600	0	Y	—

续表

飞机	航班编号	调整后的起飞时间	调整后的降落时间	延误时间（秒）	航班交换情况	取消成本
6	F2	73400	77900	11000	Y	—
	F3	79700	83600	10100	Y	—
	F23	85400	92900	3200	Y	—
	F24	94700	101300	2600	Y	—

3.5 本章小结

本章以航空公司运营中的航班计划为背景，对受扰航班恢复问题进行研究，然而，航班恢复问题是复杂性非常高的组合优化问题，属于 NP 难问题。在分析航空公司受扰航班恢复问题的基础上针对飞机资源短缺和计划外维修任务的情况，提出一种受扰航班调度方法，通过改进的时空网络算法来构建每架飞机的时空网络图，基于此建立整数规划模型，应用 CPLEX 软件进行优化求解。通过测试结果表明本书提出的"ITSN"算法可以迅速缩减解空间，CPLEX 可以在较短时间内完成建模和求解过程。

通过一个实例验证了方法的正确性和有效性。并且在时间上完全符合实际操作的实时性要求，同时分析了航班延误对恢复方案的影响，通过实际算例测试对比，得出具有指导意义的结论，即根据航空公司特征来调整恢复措施的参数不仅能够降低航空公司的经济损失，能够为航空公司的运行决策提供有力的支持。本书研究的内容只是航空公司运营计划中的一部分，它与机组人员恢复、机型分配以及乘客安排等其他的环节紧密相关，因此对于航班恢复问题还需要更加深入的研究。本书研究的内容具有一定的局限性，后期还可以进一步研究，设计出综合的优化方案，提升解的质量。

第4章　考虑阶段性机场流量控制的
受扰航班恢复计划问题

4.1　引　　言

Teodorović and Guberinić（1984）通过航班延误和航班交换等措施，以最小化乘客的延误时间为目标函数值，在分支定界算法的基础上对受扰航班恢复问题（IFRP）进行求解。Andersson and Värbrand（2004）基于 Dantzig-Wolfe 分解提出了一个集合配置模型，用拉格朗日启发式算法求解主问题，用两个列生成启发式算法求解了子问题。受扰航班恢复问题（IFRP）是一个非常复杂的实时网络优化问题，属于 NP 难问题，因此，针对该问题求解采用启发式算法的较多（Eggenberg et al.，（2010）；Jozefowiez et al.，（2013）；Aktürk et al.（2014）；Hu et al.（2015）；Zhang et al.（2016）；Marla et al.（2017）；Lee et al.（2020）；Vink et al.（2020）），而文献中针对此类问题的精确算法研究很少（Bierlaire et al.，（2007）；Eggenberg et al.，（2007）；Bai et al.，（2010）；Gang and Yan，2014；Mather，2016；Liang et al.，（2018））。而这些研究中，Bierlaire et al.（2007）研究了受扰航线调度问题，以最小化花费恢复措施成本为目标函数，采用列生成算法对该问题进行求解，但是在子问题的求解过程中，该文献没有采用航班交换这一恢复措施，只是考虑取消航班和延误航班，这样就造成大量的航班被取消或者航班延误的时间过长，然而航班的取消或者长时间延误会对旅客带来很多不便。Bai et al.（2010）研究了因为飞机资源短缺和机场关闭的情况造成的航班不正常情况，采用时空网络技术为每架飞机建立可恢复航线网络图，以最小化恢复费用为目标函数值，采用列生成算法对该问题进行求解，该文献没有考虑飞机维修的情况。Gang and Yan（2014）提出了一种改进的列生成算法，该文献建立了多商品网络流的数学规划模型，在主问题和子问题迭代过程中，每次迭代不止生成一条具有负值的列，因此每次会有不止一条航线被加入到主问题中，这样的操作减少了迭代次数加快了整个求解的过程，然而该文献只考虑了飞机资源短缺的情况，对于飞机维修的情况没有考虑。Mather（2016）研究了同时恢复飞机和机组人员的问题，采用 column-and-row generation 算法对该问题进行求解，但是该文章中造成航班不正常的原因是因为机场关闭引起的，采取的恢复措施有航班延误和取消，在保证计算时间的情况下得到了近似最优解。这些研究虽然解决的都是受扰航班恢复问题，采用了精确算法，但是在引起航班受扰的假设上，考虑的因素大多是飞机资源短缺和机场关闭，而很少同时考虑飞机需要维修的情况以及阶段性机场流量控制的情况。

　　本章将进一步探讨阶段性机场容量限制对航班恢复的影响。机场作为航空调度过程中重要的组成部分，航空调度中的其他计划都是在机场正常运作为前提下完成的，对保证飞机安全着陆和正常操作方面起着重要作用。随着航空需求持续显著增长，航班量的迅速增长也增加了机场的任务量，而机场流量限制对航班运行起着重要影响，当遇到极端天气时，飞机的起降受到影响，频次也大幅下降。因此，阶段性机场流量控制的受扰航班恢复计划相对于上一个问题来说考虑了阶段性机场的流量约束。根据实际情况的监测以及大量历史数据（航班数据和机场流量变化数据）表明，在某一时间段内（由于天气或者机场自身因素），造成航班延误甚至取消的主要原因是该阶段内对机场的流量限制。例如武汉天河机场在某一天由于暴雨天气，导致某个时间段内（14：00—16：00）要求机场每小时的飞机起降次数不大于某一个阈值 B。比如，机场"DEF"在时间段 $[T_0, T_1]$ 期间所允许的总起降次数不能大于 K。首先，设起降初始值为 H（为0），那么对于任何一个航班 $f \in F$，它的起降机场属不属于阶段性流量控制的机场就要判断如下情况：如果 f 的起飞机场 $f_d == DEF$ 并且 f 的起飞时间满足 $T_0 \leq f^s \leq T_1$，则 H 的值加 1；如果 f 的降落机场 $f_a == DEF$ 并且 f 的降落时间满足 $T_0 \leq f^e \leq T_1$，则 H 的值加 1。这种情况在不同季节会发生在不同区域的某一些机场。因此，"阶段性"这一概念如何体现就显得非常重要。为了安全起见，在受扰航班恢复过程中需要考虑机场阶段性流量控制这一约束。在此问题中，关于阶段性机场流量控制的考虑更加贴近现实，有利于保障飞行安全和降低航空公司以及旅客的经济损失。

为了更深入地研究此问题，基于上一章的研究结果，本章利用 Dantzig-Wolfe 分解原理，把原的问题分解成主问题和子问题，利用列生成算法进行求解。

本章研究的受扰航班恢复问题，目标为最小化所有恢复措施成本之和。首先，针对此问题建立数学规划模型（分别包括主问题和子问题的数学模型）；在求解方面，针对该问题的特征构造好的初始解，基于该初始解调用 CPLEX 对主问题进行求解，获得主问题约束条件的对偶变量，传给子问题的目标函数中，采用一种 Multi-Label-Setting Algorithm 求解子问题，最后通过对多种规模算例的测试验证本章所采用精确算法的正确性及效果，并对测试结果进行分析总结。

4.2　模型结构

从文献综述中可知，受扰航班恢复问题是一个非常复杂的 NP-Hard 问题，当航班和飞机数量只是中等规模时，其可形成的可行航线数也达到无穷多的排列组合。因此，想为该问题建立一个整数求解模型并求得大规模算例的整数解几乎是不可能的，在求解大规模问题上，基于列生成算法的分解方法是目前为止最有效的求解方法之一。

列生成算法的基本思想是基于 Dantzig-Wolfe 分解原理将原问题分解为一个主问题和一个子问题，其中，主问题是在已有的恢复航线中寻找最优的恢复方案，子问题是寻找一条（或者几条）更好的可恢复航线（受约束的最短路问题）。

4.2.1 受扰航班恢复模型的主问题：集合分割问题

如果能够枚举出所有可行的恢复航线，那么受扰航班恢复问题就可用集合分割问题描述：用0-1变量来描述各可恢复航线是否被选中的决策变量以及航班是否被取消的的决策变量，该模型的目标函数值是使总恢复成本最小化。本节模型中用到的参数和变量许多是4.1节中定义的参数和变量，在这里只做简单的说明。

集合变量

A 可获得机场的集合；

P 飞机集合；

F 航班集合；

M 维修任务集合；

L 飞机可飞行的路线集合（总的可恢复航线）；

S 飞机最终状态集合。

上下标号记号

f：航班上标，$f \in F$；

l：航班路径下标，$l \in L$；

p：飞机上标，$p \in P$；

a：机场下标，$a \in A$；

m：维修上标，$m \in M$；

s：最终状态上标，$s \in S$。

参数变量

c_l^p：飞机 p 执行航线 l 的成本，$l \in L$，$p \in P$；

c_f：取消航班 f 的成本，$f \in F$；

b_l^f：当航班 f 包含在航线 l 中时等于1，否则等于0，其中，$f \in F$，$l \in L$；

b_l^m：当维修 m 属于航线 l 时等于1，否则等于0，其中，$m \in M$，$l \in L$；

b_l^s：航线 l 的最终状态为 s 时等于 1，否则等于 0，其中，$s \in S$，$l \in L$；

H_f^a：如果航班 f 的起飞机场 $f_d == a$ 并且 f 的起飞时间满足 $T_0 \leqslant f^s \leqslant T_1$，则 H 的值为 1，否则为 0；

G_f^a：如果航班 f 的降落机场 $f_a == a$ 并且 f 的起飞时间满足 $T_0 \leqslant f^e \leqslant T_1$，则 H 的值为 1，否则为 0；

B^a：机场 a 在时间段 $[T_0, T_1]$ 期间所允许的最大值起降次数，$a \in A$。

决策变量

x_l^p：如果飞机 p 执行了航线 l 则其值等于 1，否则等于 0；y_f：如果航班 f 被取消了则其值等于 1，否则等于 0。

主问题（MP）模型如下：

$$\min \quad Z_{MP} = \sum_{p \in P} \sum_{l \in L} c_l^p x_l^p + \sum_{f \in F} c_f y_f \tag{4-1}$$

$$s.t. \quad \sum_{p \in P} \sum_{l \in L} b_l^f x_l^p + y_f = 1, \ f \in F \tag{4-2}$$

$$\sum_{p \in P} \sum_{l \in L} b_l^m x_l^p \leqslant 1, \ m \in M \tag{4-3}$$

$$\sum_{l \in L} b_l^s x_l^p \leqslant 1, \ s \in S, \ p \in P \tag{4-4}$$

$$\sum_{l \in L} x_l^p \leqslant 1, \ p \in P \tag{4-5}$$

$$\sum_{p \in P} \sum_{l \in L} \sum_{f \in F} (b_l^f H_f^a + b_l^f G_f^a) x_l^p \leqslant B^a, \ a \in A \tag{4-6}$$

$$x_l^p \in \{0, 1\}, \ l \in L, \ p \in P \tag{4-7}$$

$$y_f \in \{0, 1\}, \ f \in F \tag{4-8}$$

式（4-1）为模型的目标函数，使恢复措施总成本最小化，其中的恢复措施包括航班取消、航班延误以及航班交换等；式（4-2）是航班覆盖约束，要求每个航班要么包含在某一条可恢复航线里被执行，要么被取消；式（4-3）是对维修任务的约束，要求每一个维修任务最多被一条航线所覆盖；式（4-4）是对可恢复航线最终状态的约束，即每条可恢复航线中最后一个航班所在的机场必须属于最终状态集合中的机场之一；式（4-5）是对飞机的约束，要求每架飞机最多选择一条可恢复航线去执行；式（4-6）是对机场 a 在时间段 $[T_0, T_1]$ 期间所允许的总起降次数的限制约束；式（4-7）和式（4-8）是对决策变量的约束，要求决策变量是 0-1 变量。

G 为 $|F| \times |L|$ 维的矩阵，航班与可恢复航班线之间的关联矩阵，如下所示。矩阵左边 f_1, f_2, f_3, $\cdots$, $f_{|F|}$ 表示 $|F|$ 个航班，上边 l_1, l_2, l_3, $\cdots$, $l_{|L|}$ 表示 $|L|$ 条可恢复的航线，矩阵的元素 g_{ij} 取值 0-1，$g_{ij}=1$：表示航线 l_j 中包含航班 f_i；$g_{ij}=0$：表示航线 l_j 中不包含航班 f_i。

$$
\begin{array}{c}
\begin{array}{cccccc} & l_1 & l_2 & l_3 & \cdots & l_{|L|} \end{array} \leftarrow 可恢复航线 \\
G = \begin{array}{c} f_1 \\ f_2 \\ f_3 \\ \vdots \\ f_{|F|} \end{array}
\begin{bmatrix}
0 & 0 & 1 & \cdots & 1 \\
0 & 1 & 0 & \cdots & 0 \\
1 & 0 & 0 & \cdots & 1 \\
\vdots & \vdots & \vdots & \cdots & \vdots \\
0 & 0 & 1 & \cdots & 0
\end{bmatrix}_{|F| \times |L|} \leftarrow 关联矩阵
\end{array}
$$

$\uparrow$
航班

本模型是一个典型的集合分割问题，因为可恢复航线集合的个数随着问题规模的增大呈指数形式增加，无法穷尽所有可行的恢复航线，因此，在实际求解中只考虑可恢复航线集合 L 的一个子集 $L' \subset L$，其中子集 L' 只是一个很小的子集。松弛主问题的 0-1 变量，那么实际需要求解的集合分割问题是一个比原问题约束更紧的受限制的线性主问题（Restricted Linear Master Problem，RLMP）。

这里需要说明，对于主问题在求解之前，每一架飞机会事先给定一部分可恢复航线候选集 L_p'，所有飞机的可恢复航线候选集合组成了子集 L'，$L' = \sum_{p \in P} L_p'$，主问题的求解就是从可恢复候选集中选择出满足上述约束不等式的航线使目标函数值最小化，航线是由航班和维修任务首尾相接组成的。

那么需要寻找多少条可行的恢复航线才能找到理论最优解或者接近最优解呢？通过分析本问题的结构，如果假设构成问题最优解中的航线平均由 3 或者 4 个航班组成，这样算来构成最优解的航线个数是总航班数的 1/3 或者 1/4，远远小于可恢复航线的个数（满足一定条件的排列组合）。通过分析求解集合分割问题只需要找出最优可恢复航线组合的足够多的高质量的可恢复航线即可。基于单纯形法的列生成算法在求解大规模整数规划问题时得到了很好的应用（Desaulniers et al.，2005），因此可以期待列生成算法能有效求解受扰航班恢复问题。

4.2.2 受扰航班恢复模型的子问题：最短路问题

在列生成方法中，子问题的设计是为了寻找高质量的航线，该问题可以被描述为一个带负权、有附加约束的最短路问题，其目标函数与受限制的松弛主问题（RLMP）的对偶变量有关。为了描述子问题还需要一下变量的定义：

π_f：表示约束（4-2）的对偶变量，$f \in F$；

α_m：表示约束（4-3）的对偶变量，$m \in M$；

$\beta_{s,p}$：表示约束（4-4）的对偶变量，$s \in S$，$p \in P$；

λ_p：表示约束（4-5）的对偶变量，$p \in P$；

ξ_a：表示约束（4-6）的对偶变量，$a \in A$。

设飞机 p 执行航线 l 产生的简约成本为 $\bar{c}_l^p$，$p \in P$，$l \in L$，由上面的对偶变量的定义，可知

$$\bar{c}_l^p = c_l^p - \sum_{f \in F} \pi_f b_l^f - \sum_{m \in M} \alpha_m b_l^m - \sum_{s \in S} \beta_{s,p} b_l^s - \lambda_p - \sum_{a \in A} \xi_a (b_l^f H_f^a + b_l^f G_f^a)$$

$$(4\text{-}9)$$

其中，飞机 p 执行航线 l 的成本 c_l^p 是由组成这条航线的航班和维修的各种成本之和，即

$$c_l^p = \sum_{f \in F} (c_{f,p}^d + c_{f,p}^s) b_l^p + \sum_{m \in M} c_p^m b_l^p \qquad (4\text{-}10)$$

其中，$c_{f,p}^d$：航线 l 中航班 f 延误成本；$c_{f,p}^s$：航线 l 中航班 f 属于交换航班（航班 f 最后指派的飞机与原航班计划中指派的飞机不一致）的成本，否则，该成本为 0；c_p^m：飞机 p 有维修任务 m，而航线 l 中不包含维修任务 m 的成本（维修任务 m 被取消的成本），因此，式（4-10）中的前部分是航班产生的各种成本，后部分是维修产生的成本。

把式（4-10）代入式（4-9），整合得

$$\bar{c}_l^p = \sum_{f \in F} (c_{f,p}^d + c_{f,p}^s - \pi_f) b_l^f + \sum_{m \in M} (c_p^m - \alpha_m) b_l^m - \sum_{s \in S} \beta_{s,p} b_l^s - \lambda_p -$$

$$\sum_{a \in A} \xi_a (b_l^f H_f^a + b_l^f G_f^a) \tag{4-11}$$

其中，第一部分 $c_{f,p}^d + c_{f,p}^s - \pi_f$ 表示航班 f 在子问题中产生的简约成本；第二部分 $c_p^m - \alpha_m$ 表示维修任务 m 在子问题中产生的简约成本，因此，由主问题产生的对偶变量，在子问题中可以直接求解由航班和维修产生的简约成本。

基于数学规划最优性判定定理可知，若主问题为最优，子问题应满足条件：

$$\bar{c}_l^p = \sum_{f \in F} (c_{f,p}^d + c_{f,p}^s - \pi_f) b_l^f + \sum_{m \in M} (c_p^m - \alpha_m) b_l^m - \sum_{s \in S} \beta_{s,p} b_l^s - \lambda_p - \\ \sum_{a \in A} \xi_a (b_l^f H_f^a + b_l^f G_f^a) \geqslant 0 \tag{4-12}$$

令

$$\bar{c}_{f,p} = c_{f,p}^d + c_{f,p}^s - \pi_f \tag{4-13}$$

和

$$\bar{c}_{m,p} = c_p^m - \alpha_m \tag{4-14}$$

那么式（4-12）等价于

$$\bar{c}_l^p = \sum_{f \in F} \bar{c}_{f,p} b_l^f + \sum_{m \in M} \bar{c}_{m,p} b_l^m - \sum_{s \in S} \beta_{s,p} b_l^s - \lambda_p - \sum_{a \in A} \xi_a (b_l^f H_f^a + b_l^f G_f^a) \geqslant 0 \tag{4-15}$$

当式（4-15）的最小检验数满足公式（4-16）：

$$\xi^* = \min_{l \in L_p} \{\bar{c}_l^p \geqslant 0\} \tag{4-16}$$

才可以说明主问题已达到最优，式（4-16）等价于求解一个具有最小简约成本的数学规划模型。由上所述，受扰航班恢复问题的子问题构造如下：

$$\min \quad \bar{c}_l^{\prime p} \tag{4-17}$$

$$s.t. \quad l \in L_p \tag{4-18}$$

为了获得高质量的列，子问题可以描述为一个带负权、有附加约束的最短路问题。下面为了清楚表达子问题的模型，定义如下变量：

可恢复航线 $l = \{f_1^{p,l}, f_2^{p,l}, f_3^{p,l}, \cdots, f_{l_k}^{p,l}\}$，$l \in L_p$，$p \in P$，其中，$l_k$ 表示航线 l 中航班的个数，$k \in \{1, 2, \cdots, |L_p|\}$。原航班计划中飞机 p 的航线 $l_0 = \{f_1^{p,l_0}, f_2^{p,l_0}, f_3^{p,l_0}, \cdots, f_{l_{k_0}}^{p,l_0}\}$，$l_0 \in L_0^p$，$p \in P$，其中，$l_{k_0}$ 表示航线 l_0 中航班的个数，$k_0 \in \{1, 2, \cdots, |L_p^0|\}$。另外，

$f_i^{p,\,l} \cdot starttime$、$f_i^{p,\,l} \cdot endtime$：分别表示可恢复航线 l 中航班 $f_i^{p,\,l}$ 的起飞时间和降落时间，$f_i^{p,\,l} \in l$，$i \in \{1,\ 2,\ \cdots,\ l_k\}$；

$f_i^{p,\,l} \cdot departairport$、$f_i^{p,\,l} \cdot arrivalairport$：分别表示可恢复航线 l 中航班 $f_i^{p,\,l}$ 的起飞机场和降落机场，$f_i^{p,\,l} \in l$，$i \in \{1,\ 2,\ \cdots,\ l_k\}$；

$f_i^{p,\,l_0} \cdot starttime$、$f_i^{p,\,l_0} \cdot endtime$：分别表示原航班计划航线 l_0 中航班 $f_i^{p,\,l_0}$ 的起飞时间和降落时间，$f_i^{p,\,l_0} \in l_0$，$i \in \{1,\ 2,\ \cdots,\ l_{k_0}\}$；

$f_i^{p,\,l_0} \cdot departairport$、$f_i^{p,\,l_0} \cdot arrivalairport$：分别表示原航班计划航线 l_0 中航班 $f_i^{p,\,l_0}$ 的起飞机场和降落机场，$f_i^{p,\,l_0} \in l_0$，$i \in \{1,\ 2,\ \cdots,\ l_{k_0}\}$；

$p \cdot startAlairport$、$p \cdot endAlairport$：分别表示飞机 p 的开始可获得机场和结束可获得机场，$p \in P$；

Max_D：允许航班延误的最大延误时限；

$TurnTime$：连续航班之间最小周转时间限。

结合上面变量定义，子问题（目的是寻找具有最小负值的可恢复航线）的具体数学规划模型如下所示：

$$\min z_{sp} = \sum_{f \in F} \bar{c}_{f,\,p} b_l^f x_l^p + \sum_{m \in M} \bar{c}_{m,\,p} b_l^m x_l^p - \sum_{s \in S} \beta_{s,\,p} b_l^s x_l^p - \lambda_p - \sum_{a \in A} \xi_a (b_l^f H_f^a + b_l^f G_f^a)$$

$$(4\text{-}19)$$

$$s.\,t. \quad \sum_{l \in L_p} (f_i^{p,\,l} \cdot starttime - f_i^{p,\,l_0} \cdot starttime) x_l^p \leqslant Max\_D, \quad i \in \{1,\ 2,\ \cdots,\ l_k\}$$

$$(4\text{-}20)$$

$$\sum_{l \in L_p} (f_{i+1}^{p,\,l} \cdot starttime - f_i^{p,\,l} \cdot endtime) x_l^p \geqslant TurnTime, \quad i \in \{1,\ 2,\ \cdots,\ l_k - 1\}$$

$$(4\text{-}21)$$

$$\sum_{l \in L_p} (f_i^{p,\,l} \cdot endairport - f_{i+1}^{p,\,l} \cdot departairport) x_l^p = 0, \quad i \in \{1,\ 2,\ \cdots,\ l_k - 1\}$$

$$(4\text{-}22)$$

$$\sum_{l \in L_p} (p \cdot startAlairport - f_1^{p,\,l} \cdot departairport) x_l^p = 0, \quad p \in P \qquad (4\text{-}23)$$

$$x_l^p \in \{0,\ 1\}, \quad p \in P,\ l \in L_p \qquad (4\text{-}24)$$

子问题（求最短路问题）是一个生成"列"的过程，在受扰航班恢复问题中，受限制的主问题（RLMP）模型中的每一列都对应实际问题中一架飞机的一条可恢复航线，子问题的目标求解的过程就是寻找新的高质量的可恢复航线的过程。式（4-19）子问题的目标函数最小化，即航线的简约成本最小化；式（4-20）要求任何一个航班的延误时间不能大于规定的最大延误时间；式（4-21）要求任意两个连续航班之间的周转时间不能小于 *TurnTime*；式（4-22）表示飞机所执行的航线中任意两个连续航班要满足前一个航班的结束机场等于后一个航班的开始机场；式（4-23）表示保证飞机所执行航线中的第一个航班的起飞机场等于该飞机开始可获得机场；式（4-24）表示决策变量是 0-1 变量。另外，若飞机有维修任务，可恢复航线里面包含维修任务，那么也要满足维修的开始时间和执行维修所在机场的要求（维修任务不能推迟）。

子问题的目标函数系数被受限制主问题（RLMP）的对偶变量修正后必然存在负系数，子问题的约束使该问题变成一个由一定求解难度的带负权、有附加约束的最短路问题。

4.3 列生成算法求解

4.3.1 关于列生成算法讨论

列生成算法在求解大规模整数规划问题中有很好的应用，其基本思想是将原线性规划问题分解为主问题和子问题。在实际求解过程中，主问题的可行列集合只是全部可行列的一个子集，因此主问题是一个比原线性规划问题约束更紧的限制主问题，求解限制主问题，将获得的对偶变量值传递给子问题，求解子问题生成具有负简约成本的"列"（可行航线），将负简约成本最小的"列"加入到限制主问题中，继续求解限制主问题，重复上述过程，直至子问题无法生成具有负简约成本的"列"为止，此时原问题达到最优，因此列生成算法是通过主问题和子问题之间不断迭代来获得最优解的。具体步骤如下：

Step1 给出问题初始解，松弛主问题的变量，在初始解基础上求解受限制松弛的主问题；

Step2 通过求解受限制松弛主问题，得到主问题约束条件的对偶变量；

Step3 把主问题约束条件的对偶变量带入到子问题的目标函数中，对其目标函数进行修正，然后求解子问题（寻找带负权、有附加约束的最短路问题）；

— 基于数学规划最优性判定定理判定最小检验数是否为负，若为负，转到 Step4；

— 否则，转到 Step5；

Step4 将子问题找到的新的高质量的可恢复航线（"列"）加入到受限制的主问题（RLMP）中，增加主问题受限制集合中的航线数，然后转到 Step2 重新对主问题进行求解；

Step5 当前已经是最优解，停止。

相对于启发式算法，精确算法在求解时间上不占优势，在列生成算法的整个求解时间中，其中子问题的求解占据了算法整个求解时间的90%，因此，Step1 中初始解的质量严重影响列生成算法中受限制主问题（RLMP）和子问题（SP）之间迭代的次数，其中，高质量的初始解可以减低算法的迭代次数，大大提高受扰航班恢复问题的求解速度。

4.3.2 初始解的生成

初始解对于整个列生成算法求解的速度起着关键作用，对一些小规模的算例高质量的初始解就有可能就是问题的最优解或者包含问题的最优解，这样在第一次迭代前主问题就找到了最优解，问题的求解时间大大缩短；对于大规模的算例，高质量的初始解可以降低列生成算法中主问题与子问题之间的迭代次数，加快求得最优解的时间。

首先，采用构建式的启发式算法寻找受扰航班恢复问题的可恢复航线，此算法的目的是针对原航班计划遇到干扰时进行恢复，使恢复之后的方案是一个可行的飞机航班计划表，具体步骤如下：

Step1 根据输入的航班信息，首先对原航班计划中同一航线中的航班进行排序（按照航班开始起飞时间做非减排序）；

Step2 根据中断情况，找出一定被取消的航班（由于航班任务和中断任务相冲突，航班延误时间大于给定的最大延误时间阈值，这些航班此时被取消）；

Step3 从飞机集合中选定一架飞机，若此架飞机有维修任务等中断情况，转到 Step2；否则，转到 Step4；从飞机集合中去掉此架飞机；

Step4 对于没有遇到中断情况的飞机，如果其原来的航线仍是可行航线，那么加入到初始解中；

Step5 若飞机集合不为空，转到 Step3；否则，受扰航班恢复问题的初始解已得到，算法停止。

通过第四章 4.3 可知，当航线与原航班计划中航线相似程度（纯度和长度）比较大时，此航线存在于最优解中的概率就会越大，因此 Step4 要求保持原航班计划中的可行航线会对求解高质量的初始解是有保证的。

4.3.3　主问题的求解

列生成算法的受限制主问题（RLMP）的求解实际上就是把初始解或者初始航线带入到主问题的系数矩阵中（系数矩阵的一列代表一条航线）进行求解，在这些已给航线里找出满足约束条件的当前最优组合，然后给出相应约束条件的对偶变量，传递给子问题（SP）的目标函数式（4-19）中。

4.3.4　子问题的求解

列生成算法的子问题是一个生成"列"过程，然后再根据数学规划最优性判别定理判断子问题生成的"列"是否需要加入到受扰航班恢复问题的限制主问题（RLMP）的系数矩阵中进行下一次迭代求解。

子问题的目标是寻找简约成本为负的可恢复航线，在列生成算法每次迭代过程中，总共有 $|P|$ 个子问题需要求解，其中每一个子问题对应一架飞机，

因此，对子问题的求解过程就转化为对每架飞机寻找"带负权、有附加约束的最短路"的过程，即寻找简约成本为负值且最小的可恢复航线。列生成算法的整个过程就是不断迭代的过程，当子问题找不到简约成本为负的航线时，迭代停止，受限制主问题（RLMP）的当前解为最优解。

由于受扰航班恢复问题本身的复杂性，子问题的求解非常复杂，考虑的约束条件太多，计算量巨大，普通的数学规划方法求解代价太高，长时间内不能得到最优解。Dayarian et al. 2014、Ponboon et al. 2016、Zamorano et al. 2017 等提出的动态规划（标签法）方法在求解最短路问题上得到了很好的应用。本节根据受扰航班恢复问题本身的特殊性设计了一种动态规划算法，下面介绍子问题的详细求解过程。

动态规划求解过程中会产生很多标签（Label），此方法也称为 Multi-Label-Setting Algorithm。首先定义一个有向图 $G = (V, E)$，其中，$V = \{f_1, f_2, \cdots, f_{|F|}, m_1, m_2, \cdots, m_{|M|}\}$ 表示航班任务和维修任务的集合，$E = \{(i, j), i, j \in V, i \neq j\}$ 表示图中边的集合，当 V 中的两个结点（航班或者维修任务）满足：前一个结点的结束机场等于后一个结点的开始机场，两点之间的有向边就可以形成，方向由前一个结点指向后一个结点。第三章分析过把维修任务看成开始起飞机场和降落机场一样的特殊航班任务，这样在下面的讨论中当提到航班任务的时候也包含这种特殊的航班任务，不需要把维修任务分出来单独讨论。

每架飞机的可恢复航线都是从飞机的开始可获得机场到该飞机最终状态 S 中的某一个汇聚结点（结束可获得机场），因此为了方便起见，如第三章的 3.4.1 节中那样引进源结点和汇聚结点这两类结点，每一条可恢复航线的形成都是从源结点开始到汇聚结点结束。图 4-1 详细给出了一架飞机从源结点到汇聚结点形成的可恢复航线的情况。其中，结点"DEF""ABC"分别是源结点和汇聚结点，飞机是从机场 DEF 出发最后停机时选择一个最终状态其所在的机场为 ABC，从图中可以看到，每个结点下面有一个中括号，里面有两个元素，分别为飞机到达这个结点时的可获得时间（源结点的可获的时间是飞机的开始可获得时间）和飞机此时所在的机场，比如结点"1"下面的中括号"[t1, A1]"表示飞机在这个结点时飞机的可获得时间为"t1"，飞机此时所

在的机场为"A1";图 4-1 中两个结点之间的连线会形成一个边,比如"A2 →
A4"就是结点"2"与"4"形成的边,这样的边代表可恢复航线中的航班,
维修的边在图中也有体现,比如边"A4 → A4"和边"A9 → A9"的起始机场是
一样,分别代表飞机在机场"A4"和"A9"要进行维修任务。结点与结点之
间连接形成的边是航班或者维修任务,航线是由这些航班或者维修任务组成
的,图 4-1 中给出了飞机的三条可恢复航线,其中,第一、二两条可恢复航线
分别由 {"DEF"、"1"、"2"、"4"、"6"、"11"、"ABC"}、{"DEF"、"1"、"2"、"5"、
"7"、"9"、"11"、"ABC"} 中的结点连接的边所形成,包含维修任务,第三条可
恢复航线由 {"DEF"、"1"、"3"、"8"、"10"、"ABC"} 中的结点连接的边所形成
的,这条航线中没有维修任务。

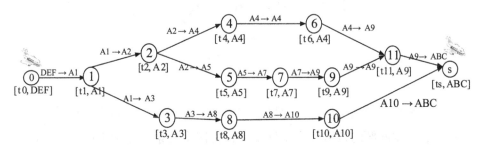

图 4-1 从源结点到汇聚结点形成的可恢复航线(航线中有可能包含维修的情况)

在子问题中,最主要的决策变量是 b_l^f 和 b_l^m,即可恢复航线 l 是否包含航
班 f 和维修 m。子问题变成了一个寻找从源结点开始到汇聚结点结束的最短路
问题,其目标是最小化简约成本,对于航班 f 来说,其在可恢复航线 l 中简约
成本的系数 $\bar{c}_{f,p} = c_{f,p}^d + c_{f,p}^s - \pi_f$ 的计算难度很大,因为 $c_{f,p}^d$ 不能单独确定,不
仅和航班 f 自身有关系,还和可恢复航线 l 中 f 前面结点有关系,因此想求解
这种带有不确定系数的最短路问题困难重重,采用普通的动态规划方法难以
求得。然而由于问题的特殊性,关于受扰航班恢复问题的有向图 $G = (V, E)$ 也具有其独特的性质,比如:

性质 4.3.1 因为图 $G = (V, E)$ 是有向图,并且每个结点包含有时间
属性,由时间的单调性可知,有向图 $G = (V, E)$ 中形成的可恢复航线不包

含环。

证明： 假设存在满足以上性质条件的可恢复航线 l_p，而航线 l_p 中包含环，如图 4-2 所示，航线从源结点 i_0 开始，中间的子航线结点：$i \to p \to i$，即形成了一个 two-cycle 的环（最简单的环），假设这三个结点 i 的时间属性分别为 t_{i1}、t_{ip}、t_{i2}，则满足 $t_{i1} \leqslant t_{ip}$、$t_{ip} \leqslant t_{i2}$，另外受扰航班恢复问题的特殊性，要求连续航班之间满足式（4-21）周转时间不能小于 $TurnTime$，所以 t_{i1}、t_{ip}、t_{i2} 满足严格不等式 $t_{i1} < t_{ip} < t_{i2}$；然而假设中可恢复航线 l_p 含有环：$i \to p \to i$，由环的性质可知 $t_{i1} = t_{i2}$，这与不等式 $t_{i1} < t_{ip} < t_{i2}$ 矛盾，所以假设不成立。

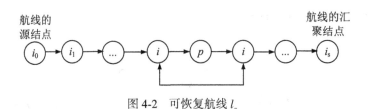

图 4-2　可恢复航线 l_p

本节采用一种基于动态规划思想的 Multi-Label-Setting 算法求解列生成的子问题，根据问题的特殊性每个标签中包含四个元素，分别为已产生的简约成本、此时的可获得时间、机场、飞机尾号，其中从源结点到任何一个航班结点 i 产生的简约成本不仅和航班 i 之前的结点有关系，还和结点航班 i 自身有关系，比如延误时间的长短，而这个延误时间的长短和前一个结点的完成时间以及航班 i 的起飞时间紧密相关，但是由问题的目标函数可知，航班 i 延误的时间越短越好。

1. 定义标签的结构

假设 $\psi_i = \{\bar{c}_i,\ t_i,\ a_i,\ p_i\}$ 是结点 i 的标签，其中，$\bar{c}_i$ 表示从源结点到结点 i 已产生的简约成本，t_i 表示飞机此时的可获得时间；a_i 表示飞机 t_i 时刻所在的机场（如果结点 i 是航班，a_i 就是航班 i 的降落机场、如果结点 i 是维修，a_i 就是执行维修 i 所指定的机场）；p_i 表示飞机，即从源结点到结点 i 产生的标签是由飞机 p_i 产生的。

2. 标签的占优原则

由标签的定义可知，只要满足一定条件，就可以产生相应的标签，因此每个结点（除源结点之外）可能产生多个标签，在计算寻找最短路过程中这些标签都需要被遍历，这就大大增加了子问题的求解时间，然而在生成标签的过程中有很多标签被其他标签占优，从而不会出现在最后求得的最短路中的。

设 $\psi_i^1 = \{\bar{c}_i^1,\ t_i^1,\ a_i^1,\ p_i^1\}$ 和 $\psi_i^2 = \{\bar{c}_i^2,\ t_i^2,\ a_i^2,\ p_i^2\}$ 代表结点 i 两个不同的标签，满足如下不等式：

已产生的简约成本： $\qquad\qquad \bar{c}_i^1 \leqslant \bar{c}_i^2$ $\qquad\qquad\qquad$ (4-25)

飞机的可获得时间： $\qquad\qquad t_i^1 \leqslant t_i^2$ $\qquad\qquad\qquad$ (4-26)

机场： $\qquad\qquad\qquad\qquad a_i^1 = a_i^2$ $\qquad\qquad\qquad$ (4-27)

飞机尾号： $\qquad\qquad\qquad p_i^1 = p_i^2$ $\qquad\qquad\qquad$ (4-28)

命题 4.3.1（标签占优原则） 如果结点 i 两个标签 $\psi_i^1 = \{\bar{c}_i^1,\ t_i^1,\ a,\ p\}$ 和 $\psi_i^2 = \{\bar{c}_i^2,\ t_i^2,\ a,\ p\}$ 满足不等式（4-25）~式（4-28），那么 ψ_i^2 被 ψ_i^1 占优。

证明： 因为 ψ_i^1 和 ψ_i^2 是结点 i 的两个不同的标签，其中 $t_i^1 \leqslant t_i^2$、$a_i^1 = a_i^2$、$p_i^1 = p_i^2$，所以接下来任何可以和结点 i 的 ψ_i^2 相连接的结点，也可以和 ψ_i^1 相连接。并且 $t_i^1 \leqslant t_i^2$，有的因为不满足时间约束不能和 ψ_i^2 相连接的结点，或许可以和 ψ_i^1 相连接。另外，已产生的简约成本 $\bar{c}_i^1 \leqslant \bar{c}_i^2$，而简约成本又是由执行航班或者维修成本与对偶变量组合产生的，所以标签 ψ_i^2 任何可行的延伸对标签 ψ_i^1 都可行，综上所述，ψ_i^2 被 ψ_i^1 占优。被占优的标签将从标签集合中删除。

算法 4-1 给出了一架飞机 $p \in P$ 的 Multi-Label-Setting Algorithm 基本框架，首先，除了"源结点"以外，对其他所有结点的标签集合进行初始化，初始化的标签集合为空集即 $\psi_i = \varnothing$，$\forall\, i \in F \cup M$，源结点的标签集合初始化为 $\{(0,$ 飞机 $p \in P$ 的开始可获得时间，飞机 $p \in P$ 的开始可获得机场，飞机 $p)\}$；其次，算法 4-1 中主要的循环结构是 Step3~Step12 对结点 j、i 不同情况的处理：对于结点 j 属于航班结点，结点 i 也属于航班结点，通过子算法 4-1-1：Feasible-for-Flight-Flight-Arc（j，i），对弧（j，i）进行检验、当结点 j 属于航班结点，而结点 i 属于维修结点，通过子算法 4-1-2：Feasible-for-Flight-Maintenance-Arc (j, i)，对弧 (j, i) 进行检验、当结点 j 属于维修结点，而结点 i 属于航班结点，通过子算法 4-1-3：Feasible-for-Maintenance-Flight-Arc (j, i)，对弧 (j, i) 进行检验，所有的情况检验完之后给结点 j 做上标记，这样下次选择结点时会从未被标记的结点中选取；以及 Step14~Step16 对最终状态的检验，判断是否可以生成可恢复航线。最后，根据最优性判别条件检验是否存在带有负权、有附加约束的最短路 l，若有，则返回可恢复航线 l，反之，最优解已得到。

算法 4-1：Multi-Label-Setting Algorithm 的基本框架

Step1 已知有向图 $G = (V, E)$、机场集合 A、飞机集合 P、航班集合 F、维修集合 M、飞机最终状态集合 S 以及飞机 $p \in P$ 的对偶变量 λ_p、航班 $f \in F$ 的对偶变量 π_f、维修 $m \in M$ 的对偶变量 α_m；

Step2 初始化源结点的标签集合为 $n = \{$ (0, 飞机 $p \in P$ 的开始可获得时间，飞机 $p \in P$ 的开始可获得机场，飞机 p) $\}$，其他结点的标签集合为空集 $\psi_i = \varnothing$，$\forall i \in F \cup M$，把 n 加入到 K 中，即 $K = \{n\}$；

Step3 While ($K \neq \varnothing$) do

Step4 选择 K 中第一个标签的结点 j，其标签为 $\{\bar{c}_j, t_j, a_j, p_j\} \in K$

Step5 For ($i \in F \cup M \&\& i \neq j$) do

Step6 If (i. startAvailableAirport $== a_j$) 则

Step7 if 结点 i 属于航班结点，结点 j 也属于航班结点，则进行

Step8 检查子算法 4-1-1：Feasible-for-Flight-Flight-Arc (j, i)，看是否满足连接的条件；

   end if

Step9 if 结点 i 属于航班结点，而结点 j 属于维修结点，则进行

Step10 检查子算法 4-1-2：Feasible-for-Flight-Maintenance-Arc (j, i)，看是否满足连接的条件；

   end if

Step11 if 结点 i 属于维修结点，而结点 j 属于航班结点，则进行

Step12 检查子算法 4-1-3：Feasible-for-Maintenance-Flight-Arc (j, i)，看是

　　　　否满足连接的条件；

　　　　　　end if

　　　　　　end If

Step13　结点 i 处理完之后，被做上标记（被处理过），以便下次再选结点时结点 i 不会被选取；

　　　　　　end For

Step14　For（$s \in S \&\& a_j ==s.$ AvailableAirport）do

Step15　if（结点 j 属于航班结点）do

　　　　　　检查子算法 4-1-4：Termination-Flight-Arc（j, s）

　　　　　　end if

Step16　if（结点 j 属于维修结点）do

　　　　　　检查子算法 4-1-5：Termination-Maintenance-Arc（j, s）

　　　　end if

　　end For

Step17　end While

Step18　最后从所有标签集合中选择具有最小简约成本系数 $\bar{c}_k^*$ 的标签 ψ^*，并且进行以下判断

Step19　if（$\bar{c}_k^* - \lambda_p < 0$）do

　　　　子问题（SP）找到了带有负权、有附加约束的最短路 l，返回可恢复航线 l；

　　　　else 返回 null，即主问题（RLMP）得到的当前解已经是最优解；

　　　　end if

　　对于结点 j 属于航班结点，结点 i 也属于航班结点的情况，算法 4-1-1 首先，在确保机场衔接的基础上，分别检验航班结点 i 的延误时间是否满足最大延误时长（Max_D）的限制、恢复后的降落时间是否满足飞机 p 的结束可获得时间的限制；其次，在满足上述检验的基础上，判断航班结点 i 在原航班计划中被指派的飞机尾号是否为 p（如 Step6）来确定标签 $\{\bar{c}_i, t_i, a_i, p_i\}$ 中简约成本的值；最后，检验新生成的标签是否被其他标签占优（Step7）。

　　算法 4-1-1：检验 Feasible-for-Flight-Flight-Arc（j, i）

Step1 航班与航班之间存在连接弧，首先应满足前一个航班的降落机场等于后一个航班的起飞机场

Step2 对于航班结点 j 的标签集合 ψ_j，for（$\{\bar{c}_j,\ t_j,\ a_j,\ p\} \in \psi_j$）do

Step3 if（航班 i 原计划的起飞时间 $t_i^{departTime}$ 小于航班 j 恢复后的降落时间加上周转时间也就是标签 ψ_j 中的可获得时间 t_j，即 $t_i^{departTime} < t_j$（$t_j = t_j^{arrivalTime}$ + 航班 j 的延误时间 + $TurnTime$）），do

航班 i 恢复后的起飞时间为 t_j（飞机此时的可获得时间），延误时长为

$t_i.\,delayTime = t_j^{arrivalTime}$ + 航班 j 的延误时间 + $TurnTime$ − $t_i^{departTime}$

else 航班 i 的延误时长 $t_i.\,delayTime = 0$

Step4 if（$t_i.\,delayTime > Max\_D$）do 结束本次循环，转到 Step2

end if

Step5 if（航班 i 的恢复后的降落时间（原航班计划中的降落时间加上航班 i 的延误时间）大于飞机 p 的结束可获得时间）do 转到 Step2

end if

Step6 if（航班 i 在原航班计划中指派的飞机尾号为 p）do 令 $\bar{c}_i = \bar{c}_j + c_i^d - \pi_i$

else 令 $\bar{c}_i = \bar{c}_j + c_i^d - \pi_i + c_i^s$

end if

Step7 if（新生成的标签 $\{\bar{c}_i,\ t_i,\ a_i,\ p_i\}$ 没有被航班结点 i 的 ψ_i 中的其他标签占优）do

标签 $\psi_i \leftarrow \{\bar{c}_i,\ t_i,\ a_i,\ p_i\}$，同时删除掉那些被 $\{\bar{c}_i,\ t_i,\ a_i,\ p_i\}$ 占优标签

else 删除 $\{\bar{c}_i,\ t_i,\ a_i,\ p_i\}$

end if

对于结点 j 属于航班结点，结点 i 属于维修结点的情况，算法 4-1-2 首先，判断结点 j 的可获得机场与维修结点 i 的指定机场是否一样（由于维修任务必须在指定的机场进行），在满足机场衔接的情况下才进行以下检验；其次，检验维修结点 i 的开始时间是否大于此时的可获得时间 t_j 以及小于维修的

最大等待时间（Max_W）的限制（Step3）；最后，确定标签 $\{\bar{c}_i, t_i, a_i, p_i\}$ 中简约成本的值，检验新生成的标签是否被维修结点 i 上的其他标签占优（Step5）。

算法 4-1-2：Feasible-for-Flight-Maintenance-Arc（j, i）

Step1　航班与维修之间存在连接弧，首先应满足前一个航的降落机场等于维修任务指定的执行机场，否则直接跳出算法 4-1-2；

Step2　对于航班结点 j 的标签集合 ψ_j，for（$\{\bar{c}_j, t_j, a_j, p\} \in \psi_j$）do

Step3　if（维修结点 i 在原航班计划的开始时间 $t_i^{startTime}$ 大于航班 j 恢复后的降落时间也就是标签 ψ_j 中的可获得时间 t_j，同时也小于维修最大的等待时间，即 $Max\_W > t_i^{startTime} > t_j$（$t_j = t_j^{arrivalTime} +$ 航班 j 的延误时间）），do 执行维修，维修结点 i 的可获得时间等于维修的结束时间（维修不能延误）

　　　else 转到 Step2

　　　end if

Step4　令 $\bar{c}_i = \bar{c}_j - \alpha_i$

Step5　if（新生成的标签 $\{\bar{c}_i, t_i, a_i, p_i\}$ 没有被结点 i 的 ψ_i 中的其他标签占优）do

　　　标签 $\psi_i \leftarrow \{\bar{c}_i, t_i, a_i, p_i\}$，同时删除掉那些被 $\{\bar{c}_i, t_i, a_i, p_i\}$ 占优的标签

　　　else 删除 $\{\bar{c}_i, t_i, a_i, p_i\}$

　　　end if

对于结点 j 属于维修结点，结点 i 属于航班结点的情况，算法 4-1-3 首先，判断执行维修结点 j 的指定机场与航班结点 i 的起飞机场是否一样，在满足机场衔接的情况下才进行以下检验；其次，检验航班结点 i 在原航班计划中的开始起飞时间是否小于此时的可获得时间 t_j（维修 j 的结束时间）以及满足延误的最大时间（Max_D）的限制（Step3、Step4）；在满足上述检验的基础上，判断航班结点 i 在原航班计划中被指派的飞机尾号是否为 p（如 Step6）来确定标签 $\{\bar{c}_i, t_i, a_i, p_i\}$ 中简约成本的值；最后，检验新生成的标签是否被航班结点 i 上的其他标签占优（Step7）。

算法 4-1-3：Feasible-for-Maintenance-Flight-Arc（j，i）

Step1　维修与航班之间存在连接弧，首先应满足前一个维修指定的机场等于
　　　　后一个航班的起飞机场，否则直接跳出算法 4-1-3；

Step2　对于维修结点 j 的标签集合 ψ_j，for（$\{\bar{c}_j,\ t_j,\ a_j,\ p\} \in \psi_j$）do

Step3　if（航班结点 i 在原航班计划的开始时间 $t_i^{startTime}$ 小于维修 j 的结束时间也
　　　　就是 label ψ_j 中的可获得时间 t_j，即 $t_i^{startTime} < t_j$（维修的结束时间）），
　　　　do 令航班 i 恢复后的起飞时间为 t_j（飞机此时的可获得时间），延误时
　　　　长为 $t_i.delayTime = t_j - t_i^{departTime}$

　　　　else 航班 i 的延误时长 $t_i.delayTime = 0$

　　　　end if

Step4　if（$t_i.delayTime > Max\_D$）do 结束本次循环，转到 Step2
　　　　end if

Step5　if（航班 i 的恢复后的降落时间（原航班计划中的降落时间加上航班 i
　　　　的延误时间）大于飞机 p 的结束可获得时间）do 转到 Step2
　　　　end if

Step6　if（航班 i 在原航班计划中指派的飞机尾号为 p）do 令 $\bar{c}_i = \bar{c}_j + c_i^d - \pi_i$
　　　　else 令 $\bar{c}_i = \bar{c}_j + c_i^d - \pi_i + c_i^s$
　　　　end if

Step7　if（新生成的标签 $\{\bar{c}_i,\ t_i,\ a_i,\ p_i\}$ 没有被航班结点 i 的 ψ_i 中的其他标
　　　　签占优）do
　　　　标签 $\psi_i \leftarrow \{\bar{c}_i,\ t_i,\ a_i,\ p_i\}$，同时删除掉那些被 $\{\bar{c}_i,\ t_i,\ a_i,\ p_i\}$ 占优标
　　　　签
　　　　else 删除 $\{\bar{c}_i,\ t_i,\ a_i,\ p_i\}$
　　　　end if

　　　　另外，算法 4-1-4：Termination-Flight-Arc（j，s）表示结点 j 和汇聚结点
（最终的状态结点）之间可以产生结束弧。如果结点 j 属于航班结点并且满足
$a_j == s.AvailableAirport$，同时时间上满足最终状态的时间与飞机此时的可获
得时间差在可接受的范围内，那么 Termination-Flight-Arc（j，s）$==1$，可以

产生结束弧；同理，算法 4-1-5：Termination-Maintenance-Arc（j, s）也表示结点 j 和汇聚结点（最终的状态结点）之间可以产生结束弧，这里结点 j 属于维修结点，如果满足 $a_j ==$ s. AvailableAirport、维修的结束时间不大于飞机的结束时间、同时时间上也满足最终状态的时间与飞机此时的可获得时间差在可接受的范围内，那么 Termination- Maintenance-Arc（j, s）$==1$，可以产生结束弧。

综上所述，针对子问题（SP），算法 4-1"Multi-Label Setting 算法"给出详细的求解过程，求得最短的（简约成本系数 $\bar{c}_k^*$ 最小的）可恢复航线 l，如果满足 $\bar{c}_k^* - \lambda_p < 0$，则可恢复航线加入到受限制主问题（RLMP）中，进行下次迭代。

4.4　分支求整数解

对 4.3 部分最后求得的受限制主问题（RLMP）的最优解进行验证，看是否是整数最优解，如果为整数解，则整数最优解获得，否则进行下一步分支。

4.4.1　分支策略

如果 4.3 部分得到的最优解不是整数解则进行分支策略，在分支过程中，4.3 部分得到的解作为下界，参考 Desaulniers et al. 1998、Bettinelli et al. 2006、Sinclair et al. 2016 中分支的思想对求得的分数解进行分支定界。

4.4.2　精确算法流程图

图 4-3 给出了整个精确算法的流程图。

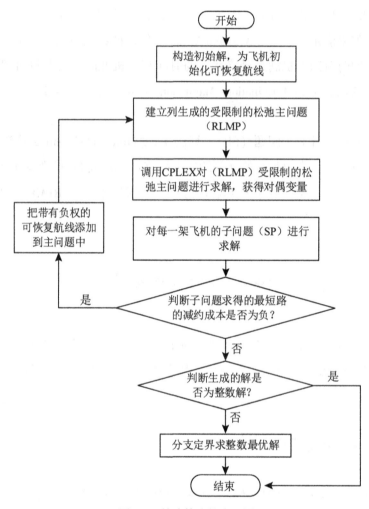

图 4-3　精确算法的流程图

4.5　算例测试及结果分析

本节的所有测试在一个频率为 2.8 GHz CPU，运行内存为 2G 的个人计算机上进行。列生成算法在 C++中编写代码，编译环境为 Visual Studio 2008，其中列生成的主问题采用 12.2 版本的 CPLEX 作为求解器。

4.5.1　数据和参数的描述

为了检验本章所提出精确算法的效果，将对一些算例进行测试，并对相应的测试结果进行分析对比。来自某航空咨询公司的 7 组算例被用于本章的测试，共有 7 组算例用来测试本章提出的算法，恢复过程中航班允许的最大延误时间 180 分钟，航线中连续航班之间满足周转时间 30 分钟。表 4-1 给出了每组算例的基本情况，其中，每组算例对应一种场景。表 4-1 中第一列代表所测算例的规模（从小规模算例到大规模算例），第二、三、四、五、六、七列分别给出算例中包含的"航班个数""飞机个数""维修个数""机场关闭的个数""机场个数"以及每个算例受干扰的情况。比如，表 4-1 中第一行的算例"F15-P3"所对应的场景中包含有 15 个航班、3 架飞机、需要维修的飞机个数为 1、有 1 个机场关闭、算例中涉及 4 个机场。另外，每组算例对应的恢复措施的惩罚成本也有所不同，具体情况如表 4-2 所示，每组算例对应一种场景，每个场景的中断情况有所不同，并且每组算例对应的恢复措施的惩罚成本也是有所不同的。表 4-1 和表 4-2 中分别给出每组算例的受扰问题基本情况和恢复该受扰问题所采用恢复措施的惩罚成本，另外，对机场"JOE"在 [654000，733300] 时间段内允许的总起降次数不能大于 20 次。

表 4-1　　　　　　　　　每组算例的基本情况

算例	航班个数	飞机个数	维修个数	机场关闭的个数	机场个数	受干扰的情况
F15-P3	15	3	1	1	4	飞机维修、机场关闭
F53-P4	53	4	1	1	6	飞机维修、机场关闭
F59-P16	59	16	23	0	12	飞机维修
F95-P12	95	12	0	1	25	机场关闭
F417-P85	417	85	25	1	35	飞机维修、机场关闭

续表

算例	航班个数	飞机个数	维修个数	机场关闭的个数	机场个数	受干扰的情况
F586-P44	586	44	24	1	37	飞机维修、机场关闭
F638-P44	638	44	29	0	32	飞机维修

表 4-2　　　　　　　　　恢复措施的惩罚成本

算例	取消航班惩罚	取消维修惩罚	机场飞机个数不平航惩罚	飞机最后降落机场与原计划不一致惩罚	航班延误惩罚（每分钟）	航班交换惩罚
F15-P3	800	1000	500	10	1	10
F53-P4	800	1000	500	10	1	10
F59-P16	500	10000	200	10	4	10
F95-P12	800	1000	500	10	10	1
F417-P85	500	10000	300	10	8	1
F586-P44	500	10000	200	10	4	10
F638-P44	500	5000	200	10	4	10

表 4-1 中的后三个算例属于大规模算例，航班个数最多达到 638 个。表 4-2 中各种恢复措施的惩罚成本，其中，"机场飞机个数不平衡惩罚"的数据是对一架飞机而设置的，从表中可以观察取消维修的惩罚非常大，而本章中我们采用多种恢复措施，不允许维修被取消，这些数据参数的设置同样来自 Sabre Airline Solutions（2016），实际上航空公司可以根据自己的实际情况对这些数据参数进行不同的设置。另外，本章研究的受扰航班恢复问题所允许的最大延误时间（Max_D）等于 3 小时，连续航班之间的周转时间（$TurnTime$）等于 0.5 小时以及飞机维修的允许最大等待时间（Max_W）等于该飞机结束可获得时间的二分之一。

4.5.2　测试结果分析

表 4-3 给出了七组算例的测试结果，其中，"初始解 . Obj"表示利用表 4-

2 生成的初始解的目标函数值、"LP. Obj"表示松弛问题通过列生成算法求得的最优解，也是整数最优解的下界、"IP. Obj"表示算例的整数解、"Tree Size"表示分支树的大小，"1"代表在根结点就得到了整数解不需要分支、"Gap1（%）"等于"$\dfrac{(初始解.Obj - LP.Obj)}{初始解.Obj} \times 100\%$"、"Gap2（%）"等于"$\dfrac{(IP.Obj - LP.Obj)}{LP.Obj} \times 100\%$"，最后一列是整个算法的运行时间（单位秒表示）。

首先，通过第二列的数据可以看出，表 4-2 部分提出的构建初始解的方法可以对大部分算例求得好的初始解（除了算例"F586-P44"，这个算例的原航班计划既涉及多个维修任务也遇到了机场关闭的情况，在构建初始解时情况比较复杂，可恢复的航线数量较大），好的初始解可以减少主问题与子问题之间的迭代次数，从而降低问题的求解时间（列生成算法的求解时间 90%花费的子问题的求解上）。其次，表中第五列对应算例"F15-P3""F59-P16""F95-P12""F417-P85""F638-P44"的值都等于"1"，表明列生成算法在根节点就得到了整数解，其有效性得到了充分证明，而算例"F586-P44"对应的"Tree Size"的值为 5，说明为了得到整数解而采用了分支操作，但是通过列"Gap2"的值可知，即使列生成算法没有得到整数解，但是也提供了好的下界（Gap=2.4%）。最后，求解时间上，对于前两个小规模的算例，列生成算法可以在几分钟内求得最优解、中等规模的算例也可以保持在十分钟内、大规模的算例，特别是有分支的情况时，求解时间大大增加。

表 4-3　　　　　　　　　　　　算例的测试结果

算例	初始解.Obj	LP. Obj	IP. Obj	Tree Size	Gap1（%）	Gap2（%）	Time（s）
F15-P3	**3400**	**1960.9**	**1960.9**	**1**	**42.3%**	0.0%	5.3
F53-P4	4200	3565.0	3565	1	**15.1%**	0.0%	11.6
F59-P16	2000	1010.0	1010	1	**51.9%**	0.0%	20.4
F95-P12	6600	4364.0	4364	1	**25.4%**	0.0%	360.3
F417-P85	7680	4781.0	4781	1	**37.5%**	0.0%	573.1

续表

算例	初始解 . Obj	LP. Obj	IP. Obj	Tree Size	Gap1（%）	Gap2（%）	Time（s）
F586-P44	44980	2375. 3	2434	5	**94. 5%**	2. 4%	3162. 7
F638-P44	1432	230. 0	230	1	**82. 3%**	0. 0%	2685. 4

　　表 4-4 和表 4-5 分别给出了初始解中和列生成算法得到的解中每个算例所采取恢复措施的详细情况，其中，第二、三、四列分别表示取消航班的个数、取消维修的个数以及航班交换的个数，下一列表示在恢复计划中每个算例的总延误时间（以"分钟"为单位）。表 4-2 各恢复措施的惩罚成本中取消航班或者维修都给目标函数带来比较大的成本花费，所以表 4-4 中主要采取了取消航班和延误航班的恢复措施，而表 4-5 列生成算法求得的解中主要采用交换航班和延误航班的恢复措施，在求解时间上，初始解的构造用时很少。

表 4-4　　　　　　　　初始解中恢复措施采用的详细情况

算例	取消的航班个数	取消的维修个数	航班交换个数	总的延误时间（分钟）	目标函数值	Time（s）
F15-P3	3	1	0	0	3400	10. 2
F53-P4	4	1	0	0	4200	10. 2
F59-P16	4	0	0	145	2000	10. 2
F95-P12	0	0	0	660	6600	10. 2
F417-P85	0	0	0	960	7680	10. 2
F586-P44	69	1	0	0	44980	10. 2
F638-P44	2	0	0	108	1432	10. 2

表 4-5　　　　　　列生成算法求得的解中恢复措施采用的详细情况

算例	取消的航班个数	取消的维修个数	航班交换个数	总的延误时间（分钟）	目标函数值	Time（s）
F15-P3	2	0	4	280	1961	5. 3
F53-P4	4	0	20	145	3565	11. 6

续表

算例	取消的航班个数	取消的维修个数	航班交换个数	总的延误时间（分钟）	目标函数值	Time（s）
F59-P16	2	0	1	0	1010	20.4
F95-P12	2	0	14	275	4364	360.3
F417-P85	4	0	21	345	4781	573.1
F586-P44	2	0	115	66	2434	3162.7
F638-P44	0	0	23	0	230	2685.4

另外，从表 4-4 和表 4-5 的数据中可以得到，列生成算法求得的解中采用"航班交换"可以避免一些航班的取消和延误（取消航班的成本比较大），从而降低目标函数值。图 4-4 和图 4-5 展现了初始解和列生成算法解中采用恢复措施的对比情况。其中，图 4-4"取消航班和维修总数的对比"，从图形中可以看出，初始解中取消的航班和维修总数明显大于列生成算法求的解中取消航班和维修的总数，而这两个措施的惩罚成本相对较大，从而增加了恢复的成本，因此，列生成算法在求解的过程中大量采取了交换航班来代替取消航班或者维修的情况，这更有利于降低航空公司的恢复成本。图 4-5"总延误时长的对比"，从图形中可以看出，列生成算法求得的解中所有算例的总延误时长远远低于初始解中所有算例的总延误时长，这也说明了，本章提出的算法在降低航空公司经济损失的同时，也降低了乘客的经济损失。图 4-4 和图 4-5 给出两种解中恢复措施的对比情况。

综上所述，通过求解不同规模的算例以及对数据结果的分析表明，本章提出的列生成算法在求解小规模受扰航班恢复问题时可以在短时间内得到整数最优解，当问题规模变大时，求解时间也随之增加，但是也可以保证在 1 小时之内求得问题的整数解。

为了更加清晰地展示受扰航班的恢复过程，在附录 A 中给出了一个较小规模算例"F15-P3"的详细情况。最后，表 A.6 给出了恢复之后的航班计划表。其中，列"任务状态"表示每个任务（航班任务或者维修任务）被指派的情况："Assigned"表示此航班或者维修任务被安排了；"Canceled"表示此

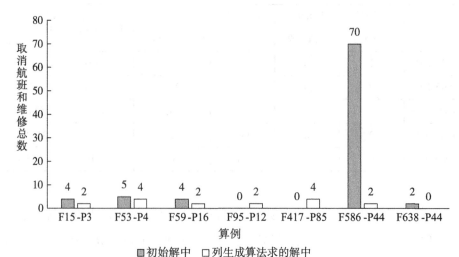

图 4-4　取消航班和维修总数的对比

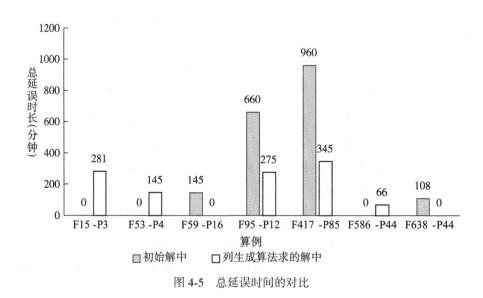

图 4-5　总延误时间的对比

航班或维修任务被取消；"Swap"表示此航班属于交换航班；"Delay"表示航班延误。另外，需要注意的是，因为维修任务不能交换也不能推迟，只能有两个状态"Assigned"或者"Canceled"）。

4.6 本 章 小 结

本章研究的受扰航班恢复问题，考虑了飞机资源短缺以及计划外的维修任务，在模型建立时，考虑了阶段性机场流量控制这一约束，基于 Dantzig-Wolfe 分解定理，建立集合分割模型的受限制主问题（RLMP）和最短路问题的子问题（SP），采用一种精确算法（列生成算法）对本章研究的问题进行求解。为了减少主问题与子问题之间的迭代次数，提高算法的求解效率，通过分析问题的特征，构建好的初始解。

首先，在初始解的基础上调用 CPLEX 对受限制的松弛主问题（RLMP）模型进行求解，获得主问题约束条件的对偶变量，这些对偶变量作为简约成本的系数传到子问题的目标函数中。其次，子问题的目标是求解最短路，即"带有负权、有附加约束的最短路"，采用一般的动态规划算法求解会大大增加问题的难度。根据研究问题的特征，4.3.4 部分提出了一种 Multi-Label-Setting Algorithm 对子问题进行求解，然后根据最优性判别定理检验子问题找的可恢复航线的简约成本是否为负。为负值，则加入到主问题中进行下一次迭代求解；反之，当前解为最优解。最后，通过实际数据对本章提出的精确算法进行验证，对于小规模的算例，可以在短时间内获得最优解。相对于第 3 章，本章提出的算法可以求解大规模问题，说明列生成算法在求解大规模优化问题上的优势，但是对于大规模的算例，随着求解难度增大，求解时间也随之增加，大于该航空公司实际要求的时间，因此，加速子问题的求解速度或者提高初始解的质量是进一步的研究内容。另外，实际运营中仍然会出现临时性突发事件，为了缩减波及范围，减少对整个恢复计划的影响，还需要研究利用飞机航班间的"空档"来及时处理这样的图发事件的情况也是进一步的研究内容。

附录 A

表 A. 1　　　　　　　　　　　　原航班计划信息

航班编号	开始时间（秒）	结束时间（秒）	开始机场	结束机场	飞机尾号
1	643000	658000	JIM	JOE	TailA
2	695200	738100	JOE	TIJ	TailA
3	753100	786100	TIJ	SAM	TailA
4	829300	863800	SAM	JOE	TailA
5	908500	947200	JOE	JIM	TailA
6	656500	691000	SAM	JOE	TailB
7	746800	759100	JOE	TIJ	TailB
8	765100	815200	TIJ	JIM	TailB
9	832300	874000	JIM	TIJ	TailB
10	880000	890800	TIJ	JOE	TailB
11	655500	683200	JOE	JIM	TailC
12	690400	733300	JIM	JOE	TailC
13	748300	781300	JOE	SAM	TailC
14	824500	859000	SAM	JOE	TailC
15	903700	942400	JOE	SAM	TailC

表 A. 2　　　　　　　　　　　　飞机的信息

飞机尾号	开始时间（秒）	结束时间（秒）	起飞机场	降落机场
TailA	654000	949000	JIM	JIM
TailB	654000	949000	SAM	JOE
TailC	654000	949000	JOE	SAM

表 A.3 机场关闭信息

机场	开始时间（秒）	结束时间（秒）
JOE	676000	701528

表 A.4 维修任务信息

维修编号	开始时间（秒）	结束时间（秒）	飞机尾号	机场
111	641028	667500	TailC	JOE

表 A.5 恢复措施的惩罚成本

取消航班惩罚	取消维修惩罚	机场飞机个数不平航惩罚	飞机最终状态与原计划不一致惩罚	航班延误惩罚（每分钟）	航班交换惩罚
800	1000	500	10	1	10

表 A.6 恢复之后的航班计划信息

任务编号	开始时间（秒）	结束时间（秒）	开始机场	结束机场	原航班计划的飞机尾号	恢复后的飞机尾号	恢复后的状态	延误时长
1	643000	658000	JIM	JOE	TailA	–	Canceled	—
2	701528	744428	JOE	TIJ	TailA	TailC	Swap/Delay	6328（秒）
3	753100	786100	TIJ	SAM	TailA	TailC	Swap	—
4	829300	863800	SAM	JOE	TailA	TailA	Assigned	—
5	908500	947200	JOE	JIM	TailA	TailA	Assigned	—
6	667028	701528	SAM	JOE	TailB	TailB	Assigned/Delay	10528（秒）
7	746800	759100	JOE	TIJ	TailB	TailB	Assigned	—
8	765100	815200	TIJ	JIM	TailB	TailB	Assigned	—
9	832300	874000	JIM	TIJ	TailB	TailB	Assigned	—
10	880000	890800	TIJ	JOE	TailB	TailB	Assigned	—
11	655500	683200	JOE	JIM	TailC	–	Canceled	—
12	690400	733300	JIM	JOE	TailC	TailA	Swap	—

续表

任务编号	开始时间（秒）	结束时间（秒）	开始机场	结束机场	原航班计划的飞机尾号	恢复后的飞机尾号	恢复后的状态	延误时长
13	748300	781300	JOE	SAM	TailC	TailA	Swap	—
14	824500	859000	SAM	JOE	TailC	TailC	Assigned	—
15	903700	942400	JOE	SAM	TailC	TailC	Assigned	—
111	641028	667500	JOE	JOE	TailC	TailC	Assigned	—

第5章　考虑航班间"空档"的受扰航班恢复计划问题

5.1　引　言

在前两部分的研究基础上，本部分将更进一步研究可恢复航线在实际运营中遇到的临时性突发状况。对受扰航班进行恢复时，在可恢复航线计划的基础上，要求总成本最小化获得优化后的航班恢复计划，但是在实际运营中仍会出现临时性突发事件（恢复计划完成到实际执行期间），为了缩减波及范围（航线上航班的延误或取消会波及其他航班计划），即减少对整个恢复计划的影响，需要利用飞机航班间的"空档"来及时处理这样的突发事件。因此，在恢复的过程中安排飞机执行航班时创造适当长度的"空档"，这样可以利用有足够长"空档"的飞机来应对临时性的突发事件，降低航空公司和旅客的经济损失。图5-1给出了恢复过程中飞机尾号为"Tail6"执行航班比较松散的情况，对于这种情况，如果在飞行过程中飞机本身或者旅客出现突发事件。比如，在执行航班"Flight12"过程中旅客发病，需要紧急处理，那么航班"Flight12"就有可能出现延误或迫降其他机场甚至取消的情况，而由于航班"Flight12"与航班"Flight13"间的"空档"期太短，不足以处理此突发事件，这就导致后面的航班受到影响（延误甚至取消），给航空公司和旅客都造成很大的经济损失。相反，如果航班"Flight12"与航班"Flight13"间的"空档"期足够长，从而可以处理此紧急事件（比如，由于"空档"足够长，"Flight12"的延误可能不会波及后续的航班），缩减波及范围，那么就能降低航空公司和旅客的经济损失。

图 5-1　恢复过程中飞机尾号 "Tail6" 执行航班比较松散的情况

5.2　数 学 模 型

基于飞机的航线建立一个整数规划模型，首先，给出模型中设计的参数定义

1. 集合变量

A 可获得机场的集合；P 飞机集合；F 航班集合；M 维修任务集合；L 飞机飞行路线集合。

2. 上下标号记号

f：航班上标，$f \in F$；l：航班路径下标，$l \in L$；p：飞机上标，$p \in P$；a：机场下标，$a \in A$；m：维修上标，$m \in M$；d：航班 f 是延误航班的上标，$f \in F$；sw：航班 f 是交换航班的上标，$f \in F$；vb：机场 a 违反飞机数目平衡的上标，$a \in A$。

3. 参数变量

b_l^f：当航班 f 包含在航线 l 中时等于 1，否则等于 0；d_{la}：当航线 l 执行完

最后一个航班任务（或者维修任务）终止在机场 a 时等于 1，否则等于 0；h_a：恢复期结束时，为执行正常航班计划机场 a 需要的飞机架数；c_f：取消航班 f 的成本；c^m：取消维修 m 的成本；c_f^d：航班 f 延误单位时间的成本，$f \in F$；c_f^{sw}：航班 f 是交换航班的成本，$f \in F$；c_a^{vb}：机场 a 违反飞机数目平衡的成本，$a \in A$；D_l^p：飞机 p 执行航线 l 的成本，包含航班推迟、维修取消、航班交换以及机场 a 违反飞机数目平衡的惩罚，$p \in P$，$l \in L$。可恢复航线 $l = \{f_1^{p,\,l},\ f_2^{p,\,l},\ f_3^{p,\,l},\ \cdots,\ f_{l_k}^{p,\,l}\}$，$l \in L_p$，$p \in P$，其中，$l_k$ 表示航线 l 中航班的个数，$k \in \{1,\ 2,\ \cdots,\ |L_p|\}$。$l^d$：表示可恢复航线 l 的的"空档"。$f_i^{p,\,l} \cdot starttime$、$f_i^{p,\,l} \cdot endtime$：分别表示可恢复航线 l 中航班 $f_i^{p,\,l}$ 的起飞时间和降落时间，$f_i^{p,\,l} \in l$，$i \in \{1,\ 2,\ \cdots,\ l_k\}$。

4. 决策变量

x_l^p：飞机 p 执行航线 l 时等于 1，否则等于 0；y_f：航班 f 取消时等于 1，否则等于 0。

通过上面定义的各种变量，建立数学优化模型：

$$\min \quad Z = \sum_{p \in P} \sum_{l \in L} D_l^p x_l^p + \sum_{f \in F} c_f y_f \tag{5-1}$$

$$s.t. \quad \sum_{p \in P} \sum_{l \in L} b_l^f x_l^p + y_f = 1,\ f \in F \tag{5-2}$$

$$\sum_{p \in P} \sum_{l \in L} b_l^m x_l^p \leqslant 1,\ m \in M \tag{5-3}$$

$$\sum_{l \in L} b_l^s x_l^p \leqslant 1,\ s \in S,\ p \in P \tag{5-4}$$

$$\sum_{p \in P} \sum_{l \in L} d_{la} x_l^p = h_a,\ a \in A \tag{5-5}$$

$$\sum_{l \in L} x_l^p \leqslant 1,\ p \in P \tag{5-6}$$

$$\sum_{l \in L} (f_{i+1}^{p,\,l} \cdot starttime - f_i^{p,\,l} \cdot endtime) x_l^p \geqslant l^d,\ \exists i < l_k,\ p \in P, \tag{5-7}$$

$$x_l^p \in \{0,\ 1\},\ l \in L,\ p \in P \tag{5-8}$$

$$y_f \in \{0,\ 1\},\ f \in F \tag{5-9}$$

式（5-1）为目标函数，要求整个恢复过程中成本最小化；式（5-2）是航班覆盖约束，表示每个航班任务要么被执行，要么被取消；式（5-3）是对维修任务的约束，要求每一个维修任务最多被一条航线所覆盖；式（5-4）是对可恢复航线最终状态的约束，即每条可恢复航线中最后一个航班所在的机场必须属于最终状态集合中的某一个机场；式（5-5）是飞机流平衡约束，表示恢复期结束后各机场拥有的飞机架数需要满足后续航班正常执行需要的架数；式（5-6）飞机可行航线的流量约束，表示每架飞机最多只能执行一条可行航线；式（5-7）是针对航班间 "空档" 的约束；式（5-8）和式（5-9）是决策变量约束。

5.3　算例测试及结果分析

实验算例基于国内某航空咨询公司提供不同规模的实际数据生成，表 5-1 介绍了实验算例的情况特点。航班恢复周期为 1 天，航班最大允许到达延误时间为 180 分钟，最小地面中转时间为 30 分钟，设置航班空档时间为 20 分钟。

表 5-1　　　　　　　　　　　实验算例的情况

算例	维护数	机场数	关闭机场个数
F9-P2	1	6	0
F15-P4	0	10	1
F15-P3	1	9	0
F19-P5	1	11	1
F28-P7	1	17	1
F32-P8	2	18	1
F40-P10	2	21	1
F48-P11	2	25	2
F101-P25	6	33	2
F116-P27	7	37	2
F129-P30	7	39	2

续表

算例	维护数	机场数	关闭机场个数
F137-P32	8	41	3
F145-P34	8	42	3

5.3.1 规模算例求解结果

对上面算例采用"ITSN"算法进行求解。规模算例测试结果如表 5-2 所示:

表 5-2 　　　　　　　　　　求 解 结 果

算例	最优解	用时（s）
F9-P2	34087	7.4
F15-P4	10500	11.2
F15-P3	12430	17.5
F19-P5	19210	16.1
F28-P7	200260	35.7
F32-P8	385010	44.0
F40-P10	234923	116.2
F48-P11	618295	154.4
F101-P25	841063	233.6
F116-P27	690264	237.9
F129-P30	837768	339.8
F137-P32	850363	641.7
F145-P34	1009839	742.1

另外,针对算例"15f-3p-1m"采用"ITSN"算法进行求解。这里仅对飞机 $p=1$ 考虑航班间"空档"的约束,并设置空档的位置位于可恢复航线的前

半部, 分别设置 l^d 的值为 35 分钟、50 分钟、65 分钟, 最后求出该算例的目标函数值分别为 960、1260、2160。通过设置不同的 "空档" 时长, 导致目标函数值的变化来看, "空档" 的值设置的越大, 目标函数值的增加越明显, 导致更多航班延误 (或者延误时长增加) 甚至取消。假设该飞机在执行过程中遇到的突发事件, 如果没有提前设置的 "空档" 可能会导致突发事件后面的航班都要被取消, 因此会造成更大的目标函数值。虽然 "空档" 的设置会使得目标函数值增加, 但是也能缩减波及范围。

5.3.2　航班 "空档" 对目标函数值的影响

为进一步探究 "空档" 时长对求解的影响, 针对较大规模算例分别设置 "空档" 时长为 15 和 25 并进行试验, 与原始算例 "空档" 时长为 20 的结果进行对比, "Gap1" 和 "Gap2" 分别表示 "空档" 时长为 15 和 25 的结果与 "空档" 时长为 20 的差值百分比。由表 5-3 可知, 改变缓冲 "空档" 时长后, 对算法的求解时间影响较小, 求解效率比较稳定; 当 "空档" 时长增加时, 恢复方案的总成本增加。对比实验说明, 当更多地追求计划的鲁棒性时, 需要付出额外的成本。

表 5-3　　　　　　　　　航班 "空档" 时长对目标函数值影响

算例	最优解	用时 (s)	Gap1	Gap2
F101-P25	841063	233.6	−0.87%	1.21%
F116-P27	690264	237.9	−1.34%	1.95%
F129-P30	837768	339.8	−1.28%	1.81%
F137-P32	850363	641.7	−1.32%	1.99%
F145-P34	1009839	742.1	−1.02%	1.36%

为航班设置 "空档" 会增加恢复成本, 同时也会造成部分飞机的闲置, 而飞机作为航空公司昂贵的资源, 需要充分提高其利用率。航空公司可根据历史航班数据、航线天气状况、航班出发和到达机场的拥挤情况等, 选择性

针对部分航班添加缓冲的要求，在保证航班恢复计划一定鲁棒性的基础上，也充分提高了飞机的利用率。选取30%的航班设置"空档"的要求，与默认算例中100%航班设置"空档"的要求进行测试分析，结果如表5-4所示，"Gap"表示选取30%航班设置"空档"要求与原算例航班设置"空档"要求的差值百分比。随着设置"空档"要求航班占比的减少，总成本相应减少，算法求解时间也减低。因此，如果航空公司依据航班历史数据和当前实际需求，选择性地针对部分航班设置"空档"的要求，不仅可以减少恢复成本，也可以更快获得求解方案。

表5-4　　　　　针对部分航班设置"空档"对目标函数值影响

算例	原算例		30%		Gap
	最优解	用时（s）	最优解	用时（s）	
F101-P25	841063	233.6	826871	201.6	−1.69%
F116-P27	690264	237.9	666395	161.5	−3.46%
F129-P30	837768	339.8	814871	256.7	−2.73%
F137-P32	850363	641.7	819537	515.3	−3.63%
F145-P34	1009839	742.1	985175	663.4	−2.44%

5.4　本　章　小　结

提高航班恢复计划的鲁棒性可以有效减少航班实际执行时的延误传播，提高乘客体验，而为航班设置合理的"空档"时间（缓冲时间）可以提高航班恢复计划的鲁棒性。本章以制定航班鲁棒恢复计划为目标，研究考虑"空档"的受扰航班恢复问题。建立了航班鲁棒恢复的整数规划模型，并使用采用"ITSN"算法进行求解。另外，分析了航班缓冲时长和针对部分航班添加缓冲对求解方案的影响。因此，选择性地针对部分航班设置缓冲时长和要求，在保障航班恢复计划具有一定鲁棒性的同时，也可以减少航空公司和旅客的经济损失，对提高民航业的服务水平和旅客的满意度以及运行效率具有重要意义，也为未来进一步研究相关航空调度问题提供了理论借鉴。此外，一方面，针对这种临时性突发事件需要利用航班间的"空档"来应对以缩减波及范围降低损失；另一方面，飞机作为航空公司最昂贵的资源，飞机利用率是衡量飞机利用程度的重要指标。我国民航企业普遍存在着运力不足的矛盾，而增加运力又受到资金等各方面条件的限制。在这种情况下，提高飞机利用率，更加充分地利用现有的飞机，对于发展航空运输生产，适应市场需求，更是具有极其重要的意义。如果航班间"空档"设置不当，将在一定程度上降低了飞机的利用率（飞机停在某一机场时间过长，没有执行任何航班任务）。因此，就需要合理设计航班间"空档"的长度及位置，在不降低飞机利用率的基础上，也能使恢复后的航班计划应对突发性临时事件的干扰。

第6章　基于多因素分析的机场任务指派问题的优化方案研究

6.1　引　　言

随着经济全球化的快速发展，航空工业在社会和经济体系中扮演着越来越重要的角色（Berrittella et al.，2009）。机场作为航空调度运输过程中重要的组成部分，它是人类在地面上操作的最复杂系统之一，其中机场地面服务工作在保证飞机安全着陆和正常操作方面起着重要作用（Ip et al.，2013）。根据所处位置不同，机场地面服务大概被分为两种基本类型：终端和跑道。其中，终端的操作是在候机楼内进行，是针对旅客的服务；而机场跑道的操作主要有加油、餐饮服务、飞机清洁以及行李卸载等发生在飞机着陆到下一次起飞之间（Padrón et al.，2016），也被称为飞机的周转约束（Norin et al.，2012）。

近年来，随着机场地面服务市场的自由化，第三方服务市场的数量大幅增加，并且在保证提供高质量服务的情况下，其价格低，运营效率高（Burghouwt et al.，2014；Patriarca et al.，2016）。

本章研究的动机是一个机场地面服务供应商的咨询项目，其希望优化终端处理器。每天都有大量的任务等待着指派给有限数量的班次，其中，一个任务代表一个服务（由不同的任务类型进行区分），必须由一个或多个具有一定资格（相应资格的精通程度也要满足要求）的地勤人员在规定的时间内完成。这里的资格可能是语言要求或者熟练掌握某航空公司的登记系统等要求，一旦有资格要求，其相应的精通程度要求会随之出现。例如，一个任务要求地勤人员会讲德语（资格要求），并且表达流利（精通程度要求）。另外，每个任务都附带一个优先级，优先级越高，任务越重要。一个班次包含一个或者多个地勤人员以及他们的工作时长和具有的一系列成对的资格、对应资格的精通程度。例如，在某些环境中，地勤人员被要求必须具有以下资格及精通程度：熟练掌握两种语言或者熟练掌握三家航空公司的登记系统。

相对于任务的数量，班次的数量有限，因此并不是所有的任务都被指派，而对于那些越重要的任务，优先级也越高。一个任务产生的效益用"任务时长"和"任务优先级"的乘积来表达，因此，目标是最大化被指派任务产生的效益总和。假设一个任务可以指派给一个班次，那么它们之间要满足以下约束：（1）班次的开始时间/结束时间要早于/晚于任务的开始时间/结束时间；（2）任务要求的资格是班次资格集合的子集，并且该资格的精通程度不大于班次中该资格的精通程度；（3）不同类型任务分配在不同位置（如不同的航站楼、登机口、检测点等），当机场较大时，不同任务间的距离（用时间表示）必须满足，对于不满足距离要求的任务不能指派给同一个班次；（4）没有双重分配，意味同一时间内班次只能执行一个任务；（5）不考虑"部分任务覆盖率"，意味被指派的任务被完全执行。表 6-1 给出五个任务和三个班次任务指派问题，左边给出的是任务及其属性：任务编号（TaskNo）、类型（TT）、开始（TS）和结束（TE）时间、任务的优先级（TP）、执行任务要求人员所具有的资格（TQ）以及相应资格的熟练程度（Tpro）；右边给出了是班次及其属性：编号（ShiftNo）、工作时间（SE-SS）、资格集合（SQ）以及其分别对应的精通程度（Spro）。每个班次有多种资格，每种资格分别对应相应的精通程度。当一个任务被班次所完成时会产生相应的效益（(TE-TS) · TP）。要满足一些约束才能执行该任务，比如：对于表 6-1 中任务 T1，要求时间长度上满足 135（i. e. , TE-TS），资格为 1586（i. e. , TQ_1）和其资格对应的精通程度为 2（i. e. , Tpro）；而对于班次 S1，工作时长 510（i. e. , SE-SS），拥有多种资格 1200、1358、1586 以及对应资格的精通程度分别为 3、1、3。基于表 6-1 的数据，任务 T1 的开始和结束时间包含在班次 S1 的开始和结束时间内，并且也满足资格和熟练程度的要求，因此任务 T1 可以指派给班次 S1，产生的效益是 405（i. e.，(TE–TS)·TP）。

表 6-1　　　　　　　　有 5 个任务和 3 个班次的指派问题

TaskNo	TT	TS	TE	TP	TQ	Tpro	ShiftNo	SS	SE	SQ	Spro
T1	TT_1	245	380	3	1586	2	S1	240	750	1200	3
T2	TT_2	250	670	3	1275	0				1358	1
T3	TT_3	270	390	5	1355	3				1586	3
T4	TT_4	295	325	1	1286	0	S2	270	780	1282	1
T5	TT_5	325	355	4	1286					1585	3
										1605	0
										1745	0
							S3	250	490	1585	0
										1605	3
										1586	1

Brucker et al.（2011）研究了人员调度问题，其目的是指派可行的工作模式给员工，并证明了该问题属于 NP-Hard 问题。而本章研究的机场任务指派问题更加复杂，需要考虑的约束也更多（任务和班次都具有多种属性）。机场任务指派问题是一个复杂的组合优化问题，对较大规模任务指派模型的求解具有很大的难度，当任务和班次的数量很大时，问题变得很复杂，是一个 NP-Complete Problem。通过咨询提供机场地面服务的供应商可知，在过去，这些指派工作通过有经验人员手工完成，工作量大，效率低。随着航空工业的快速发展和航空交通量的显著增长，任务和班次的数量急剧增加，因此手工分配的方法已经变得不切实际，而有效的智能求解算法被需求，希望在降低机场运营成本的同时，提高机场的运营效率、服务水平和资源利用率。

关于机场地勤服务中任务指派问题的研究较少（Epstein and Tassa，2003；Goetschalckx，2012；Huang et al.，2016）。为了更深入研究此问题，本章首先针对问题的约束建立的数学优化模型，并通过 CPLEX 软件进行求解。为了精确求解大规模问题，采用列生成算法对该问题进行求解。首先，基于 Dantzig-

Wolfe 分解原理把原来的数学优化模型分解为主问题（集合分割模型）和子问题（最短路问题）。精确算法的缺点就是求解时间太长，列生成算法的求解时间 90% 花费在子问题的求解上，为了加快子问题的求解速度，提出了 Label Setting Algorithm 和一些加速策略。其次，如果列生成算法求得的最优解不是整数解，那么该算法被嵌入到分支定界算法中。最后，通过对多种规模算例的测试验证本章所采用精确算法的正确性及效果，并对测试结果进行分析总结。

6.2　数　学　模　型

令 $G = (T, S, A)$ 表示一个有向图，其中，T、S 和 A 分别为任务集合、班次集合和图中边的集合。任务和班次都具有一些属性，每个任务的完成会产生一定的效益，而完成这些任务需要满足不同的约束条件；另外，由于班次个数有限，这些班次在满足相应的约束条件下尽可能多的完成任务，使产生的总效益最大化。约束条件如下：

（1）班次的开始时间（结束时间）要早于（晚于）任务的开始时间（结束时间）；

（2）任务要求的资格是班次资格集合的子集，并且该资格的精通程度不大于班次中该资格的精通程度；

（3）不同类型任务分配在不同位置（如不同的航站楼、登机口、检测点等），当机场较大时，不同任务间的距离（用时间表示）必须满足，对于不满足距离要求的任务不能指派给同一个班次；

（4）没有双重分配，意味同一时间内班次只能执行一个任务；

（5）不考虑"部分任务覆盖率"，意味被指派的任务被完全执行。

为了描述模型，定义如下符号：

N：任务的数量，$N = |T|$；

M：班次的数量，$M = |S|$；

TS_i：任务 i 的开始时间，$i \in T$；

TE_i：任务 i 的结束时间，$i \in T$；

TT_i：任务 i 的类型，$i \in T$；

TP_i：任务 i 的优先级，$i \in T$；

TQ_i：执行任务 i 的资格要求，$i \in T$；

$Tpro_i$：执行任务 i 所需最低的资格精通程度，$i \in T$；

SS_s：班次 s 的开始时间，$s \in S$；

SE_s：班次 s 的结束时间，$s \in S$；

$SQSQ$：标记，本章的取值范围是 $1 \sim 9$，意思是每个班次最多拥有 9 个 SSQ；

SSQ_{sn}：班次 s 拥有的第 n 个资格，其中，$s \in S$，$n \in SQ$；

$Spro$：整数标记，本章的取值范围是 $1 \sim 9$；

$SSpro_{sm}$：班次 s 所拥有第 m 个资格的精通程度，其中，$s \in S$，$m \in pro$；

D：任务所属的日期或者班次中工作人员值班的日期；本章只考虑一天中的任务指派问题，所以 $d \in D$ 是固定的，即只考虑同一天的任务集合和工作人员集合。

$\Lambda^+(i) = \{j \in T \cup \{0, N+1\}\}$：任务 i 的后继任务集合，$i \in T$；

$\Lambda^-(i) = \{j \in T \cup \{0, N+1\}\}$：任务 i 的前继任务集合，$i \in T$；

$\overline{M}$：一个较大的非负常数；

H：非负变量，代表最后完成的任务数。

变量：

r_{ijs}：如果班次 s 执行任务 i, j 取值为 1，否则为 0，其中，$i, j \in T \cup \{0, N+1\}$；

d_{ij}：任务 i 和任务 j 之间的距离，其中，$i, j \in T$。这里的距离用时间表示；

c_{ijs}：任务 i, j 被班次 s 完成所产生的效益，其中，$i, j \in T \cup \{0, N+1\}$，$s \in S$，即（$c_{ijs} = (TE_i - TS_i) \cdot TP_i + (TE_j - TS_j) \cdot TP_j$）；

r_s：班次 s 完成的任务集合，这个任务集合用 r 表示，$s \in S$；

c_s：班次 s 在满足一定条件下完成任务集合 r_s 产生的效益，$s \in S$，即，

$$c_s = \sum_{i \in r_s} ((TE_i - TS_i) \cdot TP_i)。$$

决策变量：

x_{ijs}：如果班次 s 执行了任务 i，j 取值为 1，否则为 0，其中，$s \in S$，i，$j \in T \cup \{0, N+1\}$。

根据上面的定义，建立如下整数规划模型：

$$\max \frac{1}{2} \sum_{s \in S} \sum_{i \in T \cup \{0\}} \sum_{j \in T \cup \{0\}} c_{ijs} x_{ijs} \tag{6-1}$$

$$s.t. \sum_{i \in T} x_{0is} = 1, \ s \in S \tag{6-2}$$

$$\sum_{i \in T} x_{i0s} = 1, \ s \in S \tag{6-3}$$

$$\sum_{s \in S} r_{ijs} x_{ijs} \leqslant 1, \ i, j \in T \cup \{0\} \tag{6-4}$$

$$\sum_{i \in T, \ i \neq h} x_{ihs} - \sum_{j \in T, \ j \neq h} x_{hjs} = 0, \ h \in T, \ h \neq 0, \ s \in S \tag{6-5}$$

$$\sum_{i \in T, \ i \neq 0} x_{iis} = 0, \ s \in S \tag{6-6}$$

$$\begin{cases} SSQ_{s,n} \sum_{j \in T, j \neq i} x_{ijs} = TQ_i \sum_{j \in T, j \neq i} x_{ijs}, i \in T, i \neq 0, s \in S, n \in Spro \\ \tag{6-7} \\ Tpro_i \cdot \sum_{j \in T, j \neq i} x_{ijs} \leqslant SSpro_{s,m} \cdot \sum_{j \in T, j \neq i} x_{ijs}, i \in T, i \neq 0, s \in S, m \in SQ, m = n \quad (6\text{-}8) \\ \tag{6-9} \\ \prod_{m \in SQ} (TQ_i - SSQ_{s,m}) \cdot \sum_{j \in T, j \neq i} x_{ijs} = 0, i \in T, s \in S \end{cases}$$

$$SS_s - TS_i \leqslant (1 - x_{ijs}) \overline{M}, \ i \in T, \ i \neq 0, \ j \in T, \ j \neq i, \ s \in S \tag{6-10}$$

$$TE_i - SE_s \leqslant (1 - x_{ijs}) \overline{M}, \ i \in T, \ i \neq 0, \ j \in T, \ j \neq i, \ s \in S \tag{6-11}$$

$$TE_i + d_{ij} - TS_j \leqslant (1 - x_{ijs}) \overline{M}, \ i \in T, \ i \neq 0, \ j \in T, \ j \neq 0, \ j \neq i, \ s \in S \tag{6-12}$$

$$\sum_{i \in T \cup \{0\}} \sum_{j \in T \cup \{0\}; \ j \neq i} \sum_{s \in S} x_{ijs} = H + M, \ H \leqslant N \tag{6-13}$$

$$\sum_{i \in T} \sum_{s \in S} x_{0is} \leqslant M \tag{6-14}$$

$$x_{ijs} \in \{0, 1\}, \ i, j \in T \cup \{0\}, \ s \in S \tag{6-15}$$

式（6-1）表示目标函数，最大化任务指派所产生的效益，其值等于由班次所完成的任务产生的效益总和，由于每一个被完成的任务在 $\sum_{s \in S} \sum_{i \in TU\{0\}} \sum_{j \in TU\{0\}} c_{ijs} x_{ijs}$ 这里都被计算了两次，所以系数要乘以 1/2；式（6-2）表示每一个班次都从任务 0 开始（这里任务 0 表示空任务）；式（6-3）表示每一个班次最后都回到任务 0；式（6-4）表示每一个任务最多由一个班次执行，由于通常情况下班次数量有限，而任务的数量会远多于班次数量，所以会有一部分任务没有被执行；式（6-5）表示流量守恒约束；式（6-6）表示每一个任务不允许被多次执行；式（6-7）~式（6-9）表示一个任务如果被一个班次所执行，那么就要满足资格要求和所拥有资格的精通程度要求，同时，资格和精通程度在同一个维度上，即 $n = m$；式（6-10）表示当一个任务指派给一个班次时，要求班次开始的时间不能大于任务的开始时间；式（6-11）表示当一个任务指派给一个班次时，要求班次的结束时间不能小于任务的结束时间；式（6-12）表示当两个任务可以指派给同一个班次执行时，那么要满足距离上的要求，文中所涉及的所有距离矩阵严格满足三角不等式；式（6-13）表示给定一定数量的班次之后，由这些班次总共完成的任务的数量；式（6-14）表示完成任务的班次数量不能超过已有的数量；式（6-15）表示决策变量 x_{ijs} 是 0-1 变量。

在 6.5 节，采用 CPLEX 软件对上面建立的数学优化模型进行了求解，结果表明 CPLEX 只能求解小规模的算例，因此，需要寻找有效的求解算法来对大规模的算例进行求解。列生成算法在求解大型线性规划问题上得到了广泛应用（背包问题（Bin Packing Problem, BPP）（Vanderbeck, 1999; Delorme et al., 2016; Brandão et al., 2016; Irawan et al., 2017）、机组人员排班问题（Airline Crew Problem, ACP）（Taş and Tüzün, 2013; Zeren and Özkol, 2016; Quesnel et al., 2017）、车辆路径问题（Vehicle Routing Problem, VRP）（Bramel and Simchi-Levi, 1997; Gauvin et al., 2014; Hernandez et al., 2016; Camm et al., 2017））, 特别是在带时间窗的车辆路径问题上（Vehicle Routing Problem with Time Window, VRPTW（Chabrier, 2006; Choi and Tcha,

2007；Azi et al. , 2010；Dayarian et al. , 2014；Toffolo et al. , 2015）），取得了显著成果。如果把任务指派问题中的班次看成 VRPTW 中的车辆，班次完成的集合相当于 VRPTW 中车辆访问的客户集合，即 Routings，那么机场的任务指派问题就和 VRPTW 有相似之处，只是这里任务和班次都具有很多属性，问题更加复杂。

6.3　Dantzig-Wolfe 分解原理

Dantzig-Wolfe Decomposition（Dantzig and Wolfe 1960）是对线性规划模型重新进行建模形成主问题和子问题。即将原问题分解为一个只包含一部分列（变量）的限制主问题（Restricted Master Problem，RMP）和子问题（Sub-Problem，SP），首先对限制主问题进行松弛，变成受限制的松弛主问题（Restricted Linear Master Problem，RLMP），对松弛后的限制主问题进行求解，获得主问题约束条件的对偶变量，传递给子问题；其次，求解子问题，生成新的列，并根据最优性判别定理检验新生成的列是否满足条件，不满足，则把新生成的列加入到主问题中，进行下一次迭代，直至满足最优性判别定理；否则停止迭代。列生成算法的开始只需要部分可行列生成指派方案，逐步逼近最优解。

在对原问题（6.2 部分）进行 Dantzig-Wolfe 分解之前，先定义子问题的可行域。定义 $D^s = \{(x^s, SS, SSQ, Spro) \mid (x^s, SS, SSQ, Spro), for\ s \in S\}$ 为列生成算法子问题的可行域，满足约束条件式（6-2）、式（6-3）和式（6-5）~式（6-12）。下面给出机场任务指派问题的主问题和子问题。

6.3.1　机场任务指派模型的主问题：集合分割问题

为了建立主问题的模型，需要另外定义一些变量集合，如下所示：

P：表示班次的所有可行任务指派列集合（每一列都由任务组成，可以

指派给某一个班次（shift）$s \in S$）。设 $r \in P$，则 r 可以表示为 $r = \{t_0, t_1, t_2, \cdots, t_{|r|}, t_{|r|+1}\}$，其中 $t_i \in r$ 代表任务，$|r|$ 是列 r 中任务的数量，$t_0 = 0$ 和 $t_{|r|} + 1 = 0$。

P_s：表示班次 $s \in S$ 的可行任务指派列的集合，即这些列可以指派给班次 $s \in S$，$\cup_{s \in S} P_s = P$。

$\bar{c}_{ijs}$：表示任务 $i, j \in T \cup \{0\}$ 由班次 s 执行产生的边际效益，$s \in S$。

$c_r^s = \sum\limits_{i, j \in r} c_{ijs}$：表示由列 $r \in P_s$ 中的任务产生的效益，$s \in S$。

$\bar{c}_r^s = \sum\limits_{i, j \in r} \bar{c}_{ijs}$：表示列 $r \in P_s$ 中的任务产生的边际效益，$s \in S$。

δ_{ir}^s：表示 0-1 变量，如果任务 i 属于可行任务指派列 $r \in P_s$，并指派给班次 $s \in S$ 执行则为 1，否则为 0。

x_r^s：表示 0-1 决策变量，如果可行任务指派列 $r \in P_s$ 指派给班次 $s \in S$ 执行则为 1，否则为 0。

由以上定义可知，机场任务指派问题的主问题如下：

$$\max \frac{1}{2} \sum_{s \in S} \sum_{r \in P_s} c_r^s x_r^s \tag{6-16}$$

$$s.t. \sum_{s \in S} \sum_{r \in P_s} \delta_{ir}^s x_r^s \leq 1, \ \forall i \in T \tag{6-17}$$

$$\sum_{s \in S} \sum_{r \in P_s} x_r^s - M \leq 0 \tag{6-18}$$

$$\sum_{i \in T} \sum_{s \in S} \sum_{r \in P_s} \delta_{ir}^s x_r^s = H, \ H \leq N \tag{6-19}$$

$$x_r^s \in \{0, 1\} \ \forall s \in S, r \in P_s \tag{6-20}$$

式（6-16）为目标函数，最大化总的效益；式（6-17）确保每个任务最多被执行一次，此约束可以通过下面的关联矩阵 A 来加以解释。矩阵的行代表任务，矩阵的列代表班次，矩阵中的元素 0/1 代表所在行的任务不可以/可以指派给所在的列，所以式（6-17）在矩阵的意思就是每一行的和不能大于 1，另外式（6-17）表明了主问题的模型属于典型的集合分割模型；式（6-18）确保用于执行任务的总班次数量不能超过已给的数量；式（6-19）表示被执行的总的任务数量；式（6-20）表示决策变量属于 0-1 变量。

$$
\begin{array}{c}
\begin{array}{ccccc} s_1 & s_2 & s_3 & \cdots & s_M \end{array} \leftarrow shift \\
A = \begin{array}{c} t_1 \\ t_2 \\ t_3 \\ \vdots \\ t_N \end{array}
\begin{bmatrix}
0 & 0 & 1 & \cdots & 1 \\
0 & 1 & 0 & \cdots & 0 \\
1 & 0 & 0 & \cdots & 1 \\
\vdots & \vdots & \vdots & \cdots & \vdots \\
0 & 0 & 1 & \cdots & 0
\end{bmatrix}_{N \times M} \leftarrow incidence\ matrix \\
\uparrow \\
task
\end{array}
$$

主问题的模型属于整数的线性规划模型（Linear Master Problem，LMP），松弛约束式（6-20）对决策变量 x_r^s 的 0-1 要求，就得到线性松弛主问题。主问题的目标函数是最大化总的效益的最大化，由于主问题中包含有大量的变量和约束，当问题规模增大时，矩阵所包含的列（i.e $\cup_{s \in S} P_s = P$）就无法枚举，在实际求解中列的集合只是全部可行列的一个很小的子集，因此实际求解的集合分割问题是一个比原问题约束更紧（可选择的有限列）的受限制的线性松弛主问题（The Linear Relaxtion of Restrict Master Problem）。

6.3.2 机场任务指派问题的子问题：最短路问题

列生成算法子问题的设计是为了寻找具有修正后的效益的列（变量）x_r^s，其修正后的效益与受限制的线性主问题的对偶变量有关。

对 6.3.1 部分受限制的线性主问题（RLMP）的相应约束定义如下对偶变量：

π_i：表示式（6-17）的对偶变量，$i \in T$；

λ：表示式（6-18）的对偶变量；

β：表示式（6-19）的对偶变量。

根据以上定义，可行任务指派列 $r \in P_s$，$s \in S$ 修正后的效益 $\bar{c}_r^s$ 等于：

$$
\bar{c}_r^s = \sum_{i,\ j \in r} \bar{c}_{ijs} = \sum_{i \in T} \delta_{ir}^s \pi_i + \lambda + \sum_{i \in T} \delta_{ir}^s \beta - c_r^s \tag{6-21}
$$

其中

$$c_r^s = \sum_{i,\,j \in r} c_{ijs} \tag{6-22}$$

根据数学规划最优性判别定理可知，受限制主问题的最优判别条件如下：

$$\alpha_r^s = \sum_{i \in r} \delta_{ir}^s \pi_i + \lambda + \sum_{i \in r} \delta_{ir}^s \beta - c_r^s \geqslant 0 \tag{6-23}$$

也就是说，如果最小检验数满足约束式（6-24），则受限制主问题得到的解已是最优解：

$$\alpha^* = \min_{r \in P} \left\{ \alpha_r^s = \sum_{i \in r} \delta_{ir}^s \pi_i + \lambda + \sum_{i \in r} \delta_{ir}^s \beta - c_r^s \geqslant 0 \right\} \tag{6-24}$$

上式的最优性判别条件等价于求解一个具有最小效益（修正后的效益）的数学规划问题。因此，列生成算法的子问题构造为如下形式：

$$\min \ \alpha_r^s \tag{6-25}$$

$$s.t. \quad r \in P \tag{6-26}$$

为式（6-25）是子问题的目标函数，表示寻找一列具有最小效益的可行任务指派列。为了获得高质量的可行任务指派列，子问题可以描述为一个带有负权的、有附加约束的最短路问题。因此，机场任务指派问题的子问题可以用一下数学规划模型表示：

$$\min z = \sum_{i \in T} \delta_{ir}^s \pi_i + \lambda + \sum_{i \in T} \delta_{ir}^s \beta - \sum_{i,\,j \in r} c_{ijs} x_{ijs} \tag{6-27}$$

$$s.t. \quad \sum_{i \in T} x_{0is} = 1 \tag{6-28}$$

$$\sum_{i \in T} x_{i0s} = 1 \tag{6-29}$$

$$\sum_{i \in T,\, i \neq h} x_{ihs} - \sum_{j \in T,\, j \neq h} x_{hjs} = 0, \ h \in T, \ h \neq 0 \tag{6-30}$$

$$\sum_{i \in T,\, i \neq 0} x_{iis} = 0 \tag{6-31}$$

$$\left\{ \begin{aligned} & SSQ_{s,n} \sum_{j \in T, j \neq i} x_{ijs} = TQ_i \sum_{j \in T, j \neq i} x_{ijs}, i \in T, i \neq 0, n \in \{1,2,\cdots,9\} \tag{6-32} \\ & Tpro \cdot \sum_{j \in T, j \neq i} x_{ijs} \leqslant SSpro_{s,m} \cdot \sum_{j \in T, j \neq i} x_{ijs}, i \in T, i \neq 0, m \in \{1,2,\cdots,9\}, m = n \tag{6-33} \\ & \tag{6-34} \\ & \prod_{m \in SQ} (TQ_i - SSQ_{s,m}) \cdot \sum_{j \in T, j \neq i} x_{ijs} = 0, i \in T \end{aligned} \right.$$

$$SS_s - TS_i \leqslant (1 - x_{ijs}) \overline{M}, \ i \in T, \ i \neq 0, \ j \in T, \ j \neq i \tag{6-35}$$

$$TE_i - SE_s \leq (1 - x_{ijs}) \overline{M}, \ i \in T, \ i \neq 0, \ j \in T, \ j \neq i \qquad (6\text{-}36)$$

$$TE_i + d_{ij} - TS_j \leq (1 - x_{ijs}) \overline{M}, \ i \in T, \ i \neq 0, \ j \in T, \ j \neq 0, \ j \neq i$$

$$(6\text{-}37)$$

$$x_{ijs} \in \{0, 1\} \, i, \ j \in T \cup \{0\} \qquad (6\text{-}38)$$

式（6-27）为目标函数，最小化修正后的效益（被受限制主问题的对偶变量修正过）；式（6-28）~式（6-38）对于每一个 $s \in S$ 构造了一个单纯任务指派列的约束；子问题是带有约束的最短路问题（The Elementary Shortest Path Problem with Resource Constraint，ESPPRC）的一个变形，属于 NP-Hard 问题。

6.4　分支定价算法

分支定价算法是把列生成算法和分支定界算法相融合（Vacca et al.，2013），在本章中列生成算法可以求得松弛后问题的最优解，作为分支定界算法过程中的一个好的上界（受限制主问题的目标是最大化总的效益）。另外，为了加速整个算法的求解过程，先采用启发式算法对子问题进行求解，当启发式算法求解失败时再采用动态规划的算法对子问题进行精确求解。

6.4.1　列生成算法

列生成算法是通过主问题与子问题之间的不断迭代得到最优解的。在每次迭代中，首先调用 CPLEX 软件对松弛后的受限制主问题进行求解，将获得的主问题的对偶变量传递给子问题，子问题在更新目标函数参数后，寻找新的列，新的列如果不满足条件（最优性判别定理）则加入到主问题中，进行下一次的求解迭代。具体步骤如下：

Step1 给出问题初始解，松弛主问题的变量，在初始解基础上求解受限制松弛的主问题；

Step2 通过求解受限制松弛主问题，得到主问题约束条件的对偶变量；

Step3 把主问题约束条件的对偶变量带入到子问题的目标函数中，对其目标函数进行修正，然后求解子问题（寻找带负权、有附加约束的最短路问题）；

—— 基于数学规划最优性判定定理判定最小检验数是否为负，若为负，转到 Step4；

—— 否则，转到 Step5；

Step4 将子问题找到的新的列（对应班次的可行任务指派列）加入到受限制的主问题（RLMP）中，增加主问题受限制集合中的列数，然后转到 Step2 重新对主问题进行求解；

Step5 当前已经是最优解，停止。

相对于启发式算法，精确算法在求解时间上不占优势，在列生成算法的整个求解时间中，其中子问题的求解占据了算法整个求解时间的 90%，因此，Step1 中初始解的质量严重影响列生成算法中受限制主问题（RLMP）和子问题（SP）之间迭代的次数，其中，高质量的初始解可以减低算法的迭代次数，大大提高任务指派问题的求解速度。

6.4.2 Label Setting Algorithm 求解子问题

在求解最短路问题（ESPPRC）上，基于动态规划的 Label Setting Algorithm 被认为是有效的求解方法（Dayarian et al.，2014；Ponboon et al.，2016；Zamorano and Stolletz，2017）。Dayarian et al.（2014）采用了 Label Setting Algorithm 求解列生成算法的 ESPPRC 子问题；Ponboon et al.（2016）、Zamorano and Özkol，（2017）对 Label Setting Algorithm 进行了改进，提出了双向 Label Setting Algorithm 求解不同的最短路问题（ESPPRC）。在 Label Setting Algorithm 中，一个标签（label）L_i 用来记录从任务 0 到任务 $i \in T$ 的路径，以及路径产生过程中的一些信息。在每一步骤中，选择一个标签并将其扩展到所有可能连接的后继结点，生成新的标签。删除掉那些不满足约束条件的新标签。在本章的 Label Setting Algorithm 中，根据研究问题（机场任务指派问

题）的特殊性对标签的结构和标签之间的占优性原则给了重新的定义。下面描述 Label Setting Algorithm 的主要内容：

1. 标签结构

定义标签 $L = (C, TI, SSQ, Spro, V^{i_1}, \cdots, V^{i_N})$，其中元素 C 代表已产生的效益、元素 TI 代表时间（目前班次的可获得时间）、元素 SSQ 和 $Spro$ 分别代表班次拥有的资格以及资格相应的精通程度、元素 V^{i_i} 属于 0-1 变量，代表任务 $i \in T$ 此时在标签 L 中的状态，0 代表没被执行，1 代表已被执行。

2. 延伸函数

Label Setting Algorithm 是从任务 "0" 上的标签开始的，通过延伸函数进行扩展生成新的标签。比如，设任务 $i \in T$ 的标签为 L_i，C_i 和 TI_i 分别是标签 L_i 的 "已产生的效益" 和 "班次的可获得时间"。$[TS_i, TE_i]$ 是任务 $i \in T$ 的时间约束（开始时间、结束时间），如果想延伸标签 L_i 通过弧 $(i, j) \in A$，$i, j \in T$ 到新的标签 L_j，那么标签里的元素 $C_j = h_{ij}^c(C_i)$ 和 $TI_j = h_{ij}^{CSS}(TI_i)$ 也会随之产生，其中 $h_{ij}^c(C_i)$ 和 $h_{ij}^{CSS}(TI_i)$ 就属于扩展函数，定义为：$h_{ij}^c(C) = C + \bar{c}_{ij}$ 和 $h_{ij}^{CSS}(TI) = TI_j = TI + d_{ij}$。如果新生成的标签 L_j 满足约束条件（资格要求、相应精通程度要求以及时间要求），则新标签 L_j 为可行标签；反之，若 $TI_j = (TI + d_{ij}) > TS_j$ 或者关于 SSQ 和 $Spro$ 的任何约束在任务和班次之间不能满足，则新标签 L_j 被删除。

3. 占优准则

在标签的延伸过程中，如果满足约束条件和扩展要求可以对每个标签进行扩展，产生新的标签，因此每个任务（除了任务 "0" 之外）可能产生多个标签，在计算寻找最短路过程中这些 label 都需要被遍历，这就大大增加了子问题（SP）的求解时间，因此，Label Setting Algorithm 即使对小规模的算例也可能无法再短时间求得最优解。然而在生成标签的过程中有很多新的标签（已有的标签）被已有的标签（新的标签）占优，那些被占优的标签不会出现在最后求得的最短路中的。

首先，设任务 $i \in T$ 的两个不同标签分别为 $L_i^1 = (C_1, TI_1, SSQ_1, Spro_1, V_1^{t_1}, \cdots, V_1^{t_N})$ 和 $L_i^2 = (C_2, TI_2, SSQ_2, Spro_2, V_2^{t_1}, \cdots, V_2^{t_N})$，考虑以下约束：

$$\text{“效益”（修正过的）约束：} C_2 \leqslant C_1 \tag{6-39}$$

$$\text{可获得时间约束：} TI_2 \leqslant TI_1 \tag{6-40}$$

$$\text{资格约束：} SSQ_2 = SSQ_1 \tag{6-41}$$

$$\text{相应的精通程度约束：} Spro_2 \geqslant Spro_1 \tag{6-42}$$

$$\text{执行的任务约束：} V_2^{t_i} \leqslant V_1^{t_i} \tag{6-43}$$

命题 6.4.1（label 占优准则）：如果任务 i 的两个标签 $L_i^1 = (C_1, TI_1, SSQ_1, Spro_1, V_1^{t_1}, \cdots, V_1^{t_N})$ 和 $L_i^2 = (C_2, TI_2, SSQ_2, Spro_2, V_2^{t_1}, \cdots, V_2^{t_N})$ 满足不等式（6-39）~（6-43），那么 L_i^1 被 L_i^2 占优。

证明：由 $TI_2 \leqslant TI_1$，$SSQ_2 = SSQ_1$ 及 $Spro_2 \geqslant Spro_1$ 表明可以和标签 L_i^1 连接的任务结点，也可以和标签 L_i^2 相连接。并且 $TI_2 \leqslant TI_1$ 说明有的因为不满足时间约束不能和标签 L_i^1 相连接的任务或许可以和标签 L_i^2 相连接。另外，标签中的元素"修正过的效益"由其执行任务产生的效益和相应的对偶变量组成，而已知 $C_2 \leqslant C_1$，再接下来的扩展中仍满足此约束（标签 L_i^1 的任何可行延伸对标签 L_i^2 都可行）。综上所述，任务 i 的标签 L_i^1 被 L_i^2 占优，被占优的标签将会被删除。

算法 6-1 给出了一个班次 $s \in S$ 的 Label Setting Algorithm 基本框架，定义集合 TTL_i 和 UTL_i 代表任务 $i \in T$ 的两种标签集合，其中 TTL_i 表示已被处理过的标签集合，UTL_i 表示为被处理过的标签集合。Step1 到 Step4 是算法的初始化过程，主要的循环过程是从 Step5 到 Step11，延伸那些没有被处理过且没有被占优的标签。如果在 Step6 中一个标签 L_i 被选取，根据弧 $(i, j) \in A$ 进行所有的扩展，得到新标签 L_j。新标签 L_j 代表从 0—j 的路线，如果可行，则更新集合 UTL_j。Step9 是判断新的标签 L_j 是否被别的标签（$UTL_j \cup TTL_j$）占优或者它占优别的标签，删除那些被占优的标签。Step12 从任务 "$N + 1$" 的标签 TTL_{N+1} 集合中选择具有最小"效益"（修正过的）的标签 $L^* = \{C, TI,$

SSQ, $Spro$, V^{t_1}, …, V^{t_N}}，根据最优性判别条件检验是否存在带有负权、有附加约束的最短路 l，若有，则返回可行的任务指派列 l；反之，最优解已得到。

算法 6-1：Label Setting Algorithm 的基本框架

Step1 已知有向图 $G=(T, S, A)$，其中，T、S 和 A 分别为任务集合、班次集合和图中边的集合。初始化任务 "0" 的标签 $L_0=\{0, 0, 0, …, 0\}$；

Step2 设 UTL_0：$=\{L_0\}$，TTL_0：$=\varnothing$；

Step3　For（$i \in T$）do

Step4　令 UTL_i：$=\varnothing$ 和 TTL_0：$=\varnothing$；

Step5　While（$\cup_{i \in T}UTL_i$：$\neq \varnothing$）do

Step6　选择一个标签 $L_i \in UTL_i$ 且 $UTL_i \neq \varnothing$

Step7　For（所有的 $(i, j) \in A$，$i, j \in T$）do

Step8　通过延伸函数，判断标签 L_i 是否可以通过弧 $(i, j) \in A$，$i, j \in T$ 进行延伸，产生任务 $j \in T$ 的新标签 L_j；

Step9　如果新标签 L_j 满足任务与班次之间的约束，则令 UTL_j：$=UTL_j \cup \{L_j\}$，同时检验占优原则，从集合 $UTL_j \cup TTL_j$ 删除掉那些被占优的标签或者删除被集合 $UTL_j \cup TTL_j$ 占优的标签；

Step10　令 UTL_i：$=UTL_i \setminus \{L_i\}$，TTL_i：$=TTL_i \cup \{L_i\}$；

Step11　end While

Step12　最后从任务 "$N+1$" 的标签 TTL_{N+1} 集合中选择具有最小 "效益"（修正过的）的标签 $L^*=\{C, TI, SSQ, Spro, V^{t_1}, …, V^{t_N}\}$，并且进行以下判断

Step13　if（$L^* < 0$）do

子问题（SP）找到了带有负权、有附加约束的最短路 l，返回可行的指派任务列 l；

else

返回 null，即主问题（RLMP）得到的当前解已经是最优解；

end if

6.4.3 加速策略

列生成算法的求解时间几乎都花费在子问题的求解上，任何不满足最优性判别定理的列（带负权、有附加约束的列）加入到主问题中，都可以提高主问题的目标函数值，所以在每一次迭代中不需要对子问题进行精确求解。相对于精确算法，启发式算法可以在短时间内取得问题的解，因此在求解子问题时可以把启发式算法和精确算法相结合。在求解子问题的时候，首先采用启发式算法找到高质量的列，加入到主问题中，当启发式算法求解失败时，再采用精确算法对子问题进行求解或者验证当前的解已是最优解。下面介绍了列生成算法的加速策略。

1. 初始列

为了防止第一次迭代中产生的对偶变量降低子问题的求解过程，列生成算法的主问题一开始被限制在一部分列（P 的一个小的子集）上进行求解，而初始列对于整个列生成算法求解的速度又起着关键作用，对一些小规模的算例高质量的初始列就有可能是问题的最优解或者包含问题的最优解，对于大规模的算例，高质量的初始列可以降低列生成算法中主问题与子问题之间的迭代次数，加快求得最优解的时间。

针对本章的问题，采用构建式启发式算法求得问题的初始列。首先，选择一个班次，从任务集合中选择满足约束条件的任务指派给该班次；然后，从任务集合中删除那些已经被指派的任务；最后，转移到下一个班次，重复上面的做法到所有的班次都被检测过。

2. 启发式的 Label Setting Algorithm

本章中采用禁忌搜索算法（Glover and Laguna, 1998）首先对子问题进行求解，可参考文献（Desaulniers et al., 2008; Dayarian et al., 2014）。在给定初始路线的基础上，按照设计好的操作，探索领域解。禁忌列表是禁忌搜索算法的一个重要组成部分，可以防止搜索过程陷入局部循环。令 η 表示一个控制元素，控制禁忌列表中某领域搜索操作的次数。如果一个领域解被禁忌了，但是该领域解优于当前最优解，则接受该领域解，清空禁忌列表（渴望准则）。

禁忌搜索的初始解来源于限制主问题（RLMP）当前最优解中的基变量，禁忌搜索的过程是一个连续迭代的过程，目的是寻找好的领域解，设 *MIter* 为算法允许迭代的次数。禁忌搜索算法能够快速有效地求得高质量的解，然而遗憾的是该算法不能判断当前解是否是最优解，因此当禁忌搜索算法不能找到修正过的列（带有负的、有附加约束条件的）时，采用 Label Setting Algorithm 再对子问题（SP）进行精确求解或者对当前解进行最优性判断。

6.4.4 分支策略

传统的求解整数解的分支定界算法是直接对非整数的变量进行左右分支（即本章中限制主问题中的变量 x_r^s），该分支过程中直接令变量为 0，表示相应的列变量在接下来的子问题求解过程中不能被形成，这对子问题的求解要求很高是很大的挑战，所以不建议采取此分支过程。本章采取的分支策略，首先对使用的班次数量进行分支 $S' = \sum_{s \in S} \sum_{r \in P_s} x_r^s$，如果 $\sum_{s \in S} \sum_{r \in P_s} x_r^s$ 的值为分数，通过以下左右分支产生两个子节点：

(1) $\sum_{s \in S} \sum_{r \in P_s} x_r^s \leqslant \lfloor S' \rfloor$：加在左子节点上；

(2) $\sum_{s \in S} \sum_{r \in P_s} x_r^s \geqslant \lceil S' \rceil$：加在右子节点上。

当 $\sum_{s \in S} \sum_{r \in P_s} x_r^s$ 的值为整数时，再对变量的弧进行分支。如果存在变量的值为分数，首先选择值的大小接近 0.5 的变量进行分支，搜索树采用 best-first 策略和单支弧分支策略进行探索（Desrochers et al.，1992）。图 6-1 给出了整个算法的流程。

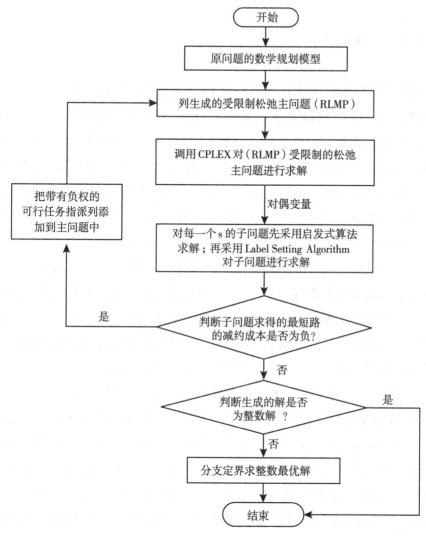

图6-1　分支定价算法流程图

6.5　算例测试及结果分析

　　本节的所有测试在一个频率为 2.8 GHz CPU，运行内存为 2G 的个人计算机上进行。列生成算法在 C++中编写代码，编译环境为 Visual Studio 2008，其中列生成的主问题采用 12.2 版本的 CPLEX 作为求解器。

125

6.5.1　实验设置

利用实际数据算例对本章中提到的算法进行测试分析。数据中，任务属性包括："task No""task type""task start time""task duration""task priority""task qualification/proficiency pair"；班次属性包括："shift No""shift start time""shift duration""shift qualification/proficiency pair"。对实际数据算例分析每天的任务数量超过 400，而每天的班次超过 100，任务和班次的数量比接近 3.3∶1。用 Txx-sxx 表示一个算例的大小，其中"T"代表任务，"s"代表班次，例如："T10-s3"表示该算例中有 10 个任务，3 个班次。精确算法对所有算例的测试时间限制在 3600s 内。5.2 部分的数学模型利用 CPLEX 软件进行求解，也是在运行内存 2G 的个人计算机上进行，时间同样限制在 3600s 内。基于禁忌搜索算法的初步试验（3.4.3 部分），在本章中设置参数"η = 10""$MIter$ = 50"，另外发现参数"η"对本章中采用的禁忌搜索算法的结果有所影响，而对精确算法（分支定价算法）的影响却很有限。

在下面的测试表格中，列"Instance"表示测试的算例；列"CPLEX"表示应用 CPLEX 软件求得的算例结果；列"BP"代表分支定价算法（Label Setting Algorithm 求解子问题）求得的算例结果；列"BPT"代表采用加速策略的分支定价算法（先采用启发式算法对子问题求解；然后再采用 Label Setting Algorithm 对子问题进行求解）求得的算例结果；列"OPT"和"Time"分别表示最优解和算例的求解时间（单位为秒）；列"UB"代表根节点的目标函数值，上界；列"Node"代表在分支定界过程中产生的结点数量；列"Gap"代表"UB"与"OPT"之间的百分比，即等于"（UB-OPT）/ UB·100%"；列"TS"代表加速策略中禁忌搜索算法的消耗时间。

6.5.2　小规模算例的测试结果及分析

表 6-2 中是对小规模算例的测试结果，其中任务数与班次数之间的比例遵循 3.3∶1，从"T10-s3"到"T43-s13"总共有 11 个算例被测试。测试结果

表6-2　小规模算例的测试结果

Instance	CPLEX			BP					BPT				
	OPT	Time	UB	OPT	Node	Gap	Time	UB	OPT	TS	Node	Gap	Time
T10-s3	570.0	4.93	570.0	570.0	1	0.00	3.87	570.0	570.0	0.47	1	0.00	4.53
T13-s4	230.0	4.54	230.0	230.0	1	0.00	4.61	230.0	230.0	0.53	1	0.00	4.27
T17-s5	1170.0	5.62	1170.0	1170.0	1	0.00	7.06	1170.0	1170.0	0.81	1	0.00	5.18
T20-s6	920.0	11.63	920.0	920.0	1	0.00	10.59	920.0	920.0	0.79	1	0.00	6.93
T23-s7	1025.0	15.41	1025.0	1025.0	1	0.00	21.33	1025.0	1025.0	1.19	1	0.00	12.69
T26-s8	5030.0	27.03	5507.9	5030.0	3	0.95	47.66	5030.0	5030.0	1.44	1	0.00	20.41
T30-s9	3450.0	28.63	3450.0	3450.0	1	0.00	24.71	3450.0	3450.0	1.32	1	0.00	22.56
T33-s10	4760.0	30.12	4830.9	4760.0	3	1.49	50.07	4818.5	4760.0	3.54	3	1.23	39.81
T36-s11	5540.0	31.68	5540.0	5540.0	1	0.00	39.72	5540.0	5540.0	1.64	1	0.00	28.74
T40-s12	7890.0	37.48	8084.1	7890.0	3	2.46	54.82	8050.1	7890.0	6.27	3	2.03	40.65
T43-s13	4895.0	36.79	4895.0	4895.0	1	0.00	40.25	4895.0	4895.0	1.48	1	0.00	31.26
Average	3225.5	21.26	3293.0	3225.5	1.54	0.45	27.69	3245.3	3225.5	1.77	1.36	0.30	19.73

显示，CPLEX、BP 和 BPT 都可以在短时间内得到问题的最优解，然而在平均值上算法 BPT 平均用时最短。列"Node"的值等于 1，表明算例在根节点就得到了整数最优解。无需再进行分支策略。从表 5-2 中可以知道在 11 个算例中，对于 BP 算法，总共有 8 个算例在根节点得到了整数最优解。然而对于 BPT 算法，总共有 9 个算例在根节点得到了整数最优解。即使没有在根节点得到算例的整数解，在根节点得到解（上界）也是非常接近整数最优解的。对于 BP 算法，Gap 的最大值为 2.46，而 BPT 算法求得结果中最大的 Gap 值等于 2.03，最后一行的均值"Average"表明 Gap 从 0.45（算法 BP 的均值）降低到了 0.30（算法 BPT 的均值）。至于计算时间，最后一行的均值"Time"从 27.69s（算法 BP 的均值）降低到了 19.73s（算法 BPT 的均值）。以上的对比结果表明 BPT 算法可以加速子问题的求解过程，因为只有在启发式算法求解失败时才采用 Label Setting Algorithm 对子问题进行精确求解。另外，BP 算法的计算结果与 CPLEX 软件求解的原问题的数学模型（6.2 部分）的计算结果一样，也说明原问题模型的有效性。总的来说，对于小规模的算例，CPLEX 优于 BP 算法，而 BPT 算法又优于 CPLEX 和 BP 算法。

6.5.3　大规模算例的测试结果及分析

表 6-3 给出了 CPLEX、BP 和 BPT 算法大规模算例的测试结果。测试结果显示，当算例的规模增大到"T150-s45"时，CPLEX 不能在 3600s 内获得算例的最优解，因此，表 6-3 中的算例从"T150-s45"到"T200-s60"，在规定的时间内（3600s）只有 BP 和 BPT 算法求得了算例的测试结果。当算例的规模增大到"T210-s63"时，BP 算法也不能只 3600s 内求得问题的整数最优解，再接下来的算例"T210-s63"到"T240-s72"，表 6-3 只给出 BPT 算法的测试结果，这也表明在规定的时间内，相对于 CPLEX 和 BP 算法，BPT 算法能够求解更大规模算例的最优解。

表6-3 大规模算例的测试结果

Instance	CPLEX		BP					BPT					
	OPT	Time	UB	OPT	Node	Gap	Time	UB	OPT	TS	Node	Gap	Time
T50-s15	7420	78.7	7424.9	7420	3	0.84	101.37	7420.0	7420	1.27	1	0.00	37.68
T60-s18	14660	33.5	14660.0	14660	1	0.00	44.86	14660.0	14660	2.08	1	0.00	24.43
T70-s21	10605	73.05	10605.0	10605	1	0.00	41.25	10605.0	10605	1.63	1	0.00	19.12
T80-s24	11220	188.9	11484.7	11220	5	2.36	127.57	11220.0	11220	10.05	1	0.00	57.67
T90-s27	15210	2018.01	15813.8	15210	13	3.97	1254.82	15585.7	15210	8.36	5	2.47	394.26
T100-s30	16895	396.7	16895.0	16895	1	0.00	372.65	16895.0	16895	6.79	1	0.00	113.37
T110-s33	21620	2396.9	22136.7	21620	23	2.39	1281.02	22063.2	21620	4.29	7	2.05	471.16
T120-s36	22675	1890.7	23264.5	22675	11	2.60	1128.97	23112.6	22675	3.71	3	1.93	225.34
T130-s39	26320	2609.3	26320.0	26320	1	0.00	369.72	26320.0	26320	11.52	1	0.00	147.46
T140-s42	24095	3506.43	24820.2	24095	15	3.01	1421.45	24622.7	24095	3.68	3	2.19	350.79
T150-s45	/	/	31010.3	29675	9	4.50	1036.01	30686.9	29675	24.37	7	3.41	568.84
T160-s48	/	/	36430.4	35390	17	2.94	1594.87	36051.8	35390	19.15	5	1.87	507.19
T170-s51	/	/	37480.4	36185	33	3.58	2057.54	37158.4	36185	86.34	13	2.69	1421.02
T180-s54	/	/	33796.6	33160	6	1.92	979.26	33160.0	33160	7.69	1	0.00	204.73
T190-s57	/	/	35375.1	34425	45	2.76	2217.45	35089.4	34425	36.20	15	1.93	625.47
T200-s60	/	/	45785.5	43145	57	6.12	3583.41	44206.4	43145	187.05	19	2.46	1945.86

续表

Instance	CPLEX			BP					BPT					
	OPT	Time	UB	OPT	Node	Gap	Time	UB	OPT	TS	Node	Gap	Time
T210-s63	/	/	/	/	/	/	/	38516.6	36880	80.66	15	4.24	1497.25
T220-s66	/	/	/	/	/	/	/	39595.1	38145	314.38	29	3.67	2643.38
T230-s69	/	/	/	/	/	/	/	49505.4	46865	379.19	35	5.33	3287.69
T240-s72	/	/	/	/	/	/	/	50456.7	47940	405.27	41	4.99	3591.93

从表 6-3 中的测试结果可知，对于 BPT 算法，其最大的 Gap 值等于 6%，这表明在根节点上可以求得算例的高质量的上界。从 BP 算法和 BPT 算法中的列"Node"的值来看，BPT 算法中分支的次数明显降低。在一个结点每次分支，都需要对新的结点重新调用列生成算法进行求解，列生成算法是限制主问题（RLMP）与子问题不断迭代的过程，所以每次调用列生成算法都会增加算例的求解时间，分支次数越多，列生成算法被调用的次数也就越多，相对求解时间也就越长，因此 BPT 算法分支的次数的降低，能够更有效地对算例进行求解。测试结果也表明精确算法对子问题的求解仍然是分支定价算法求解过程中的瓶颈，然而，本章中给出的加速策略可以在一定程度上克服这一问题。

6.5.4 不同属性对目标函数值的影响

任务和班次都具有很多属性，表 6-4 中的数据结果是测试算例：保持班次不变，增加任务数量对目标函数值的影响。对于表中每三个为一组的算例有相同数量的班次，并且班次也是一样（所有的属性都一样）。比如，"T10-s3"、"T11-s3"和"T12-s3"这三个算例的班次完全一样，只是增加了任务的数量。表 6-4 只对小规模的算例进行了测试（部分算例来源于表 6-2 中），测试结果显示，CPLEX、BP 和 BPT 算法都可以在较短时间内对算例求得最优解，其中 BPT 算法求解的平均用时最短；其次，测试结果显示，增加任务数量（保持班次不变）将会对目标函数值有一定的增加，这可能是因为有更多任务被指派了，从而增加了目标函数值中的总效益和。

同样表 6-5 的数据结果是测试算例：保持任务不变，增加班次数量对目标函数值的影响。表中每两个算例为一组，每组算例中任务一样，只是增加班次数量。比如，算例"T10-s3"和"T10-s4"中任务完全一样，只是班次个数增加了一个（后一个算例的班次只是在前一个基础上随机增加了一个）。表 6-5 种的测试结果显示，在每组算例中几乎所有的目标函数值都有所增加，并且其增加的效果比表 6-4 中目标函数值的增加效果更加显著。这是因为，在实际数据中本来任务的数量就远远大于班次数量，当班次数量增加时，将会有更多的任务被执行，所以目标函数值随之增加。这就表明当任务数量一定时，适当增加班次数量，可以显著提高任务的被执行率。

表6-4 保持班次不变，增加任务数量

Instance	CPLEX		BP					BPT					
	OPT	Time	UB	OPT	Node	Gap	Time	UB	OPT	TS	Node	Gap	Time
T10-s3	570.0	4.93	570.0	570.0	1	0.00	3.87	570.0	570.0	0.47	1	0.00	4.53
T11-s3	570.0	5.79	570.0	570.0	1	0.00	3.94	570.0	570.0	0.44	1	0.00	4.68
T12-s3	570.0	4.89	570.0	570.0	1	0.00	3.45	570.0	570.0	0.41	1	0.00	4.49
T13-s4	230.0	4.54	230.0	230.0	1	0.00	4.61	230.0	230.0	0.53	1	0.00	4.27
T14-s4	230.0	5.02	230.0	230.0	1	0.00	6.04	230.0	230.0	0.51	1	0.00	4.45
T15-s4	230.0	6.35	230.0	230.0	1	0.00	8.21	230.0	230.0	0.94	1	0.00	5.34
T16-s5	1170.0	6.03	1170.0	1170.0	1	0.00	8.65	1170.0	1170.0	1.05	1	0.00	5.58
T17-s5	1170.0	5.62	1170.0	1170.0	1	0.00	7.06	1170.0	1170.0	0.81	1	0.00	5.18
T18-s5	1170.0	10.29	1170.0	1170.0	1	0.00	9.01	1170.0	1170.0	0.83	1	0.00	4.85
T19-s6	920.0	11.63	920.0	920.0	1	0.00	10.59	920.0	920.0	0.79	1	0.00	6.93
T20-s6	920.0	11.63	920.0	920.0	1	0.00	10.59	920.0	920.0	0.79	1	0.00	6.93
T21-s6	1520.0	18.42	1539.6	1520.0	3	1.29	29.67	1520.0	1520.0	0.72	1	0.00	9.82
T22-s7	1025.0	15.41	1025.0	1025.0	1	0.00	21.33	1025.0	1025.0	1.19	1	0.00	14.69
T23-s7	1025.0	15.41	1025.0	1025.0	1	0.00	21.33	1025.0	1025.0	1.19	1	0.00	12.69
T24-s7	1025.0	21.35	1025.0	1025.0	1	0.00	25.44	1025.0	1025.0	1.24	1	0.00	16.35
T25-s8	4835.0	24.95	4934.1	4835.0	3	2.05	50.68	4835.0	4835.0	1.28	1	0.00	24.63

续表

Instance	CPLEX			BP				BPT					
	OPT	Time	UB	OPT	Node	Gap	Time	UB	OPT	TS	Node	Gap	Time
T26-s8	5030.0	27.03	5507.9	5030.0	3	0.95	47.66	5129.1	5030.0	3.16	3	1.97	20.41
T27-s8	5050.0	25.06	5182.8	5050.0	3	2.63	47.23	5163.6	5050.0	3.22	3	2.25	30.25
T28-s9	3450.0	25.44	3450.0	3450.0	1	0.00	26.42	3450.0	3450.0	1.42	1	0.00	23.24
T29-s9	3450.0	26.01	3450.0	3450.0	1	0.00	24.59	3450.0	3450.0	1.33	1	0.00	22.45
T30-s9	3450.0	28.63	3450.0	3450.0	1	0.00	24.71	3450.0	3450.0	1.32	1	0.00	22.56
Average	1791.0	14.50	1825.7	1791.0	1.38	0.33	18.81	1801.1	1791.0	1.25	1.19	0.21	12.11

表6-5　保持任务不变，增加班次数量

Instance	CPLEX		BP					BPT					
	OPT	Time	UB	OPT	Node	Gap	Time	UB	OPT	TS	Node	Gap	Time
T10-s3	570.0	4.93	570.0	570.0	1	0.00	3.87	570.0	570.0	0.47	1	0.00	4.53
T10-s4	840.0	6.35	840.0	840.0	1	0.00	2.53	840.0	840.0	0.69	1	0.00	2.34
T12-s3	570.0	4.89	570.0	570.0	1	0.00	3.45	570.0	570.0	0.41	1	0.00	4.49
T12-s4	840.0	5.04	840.0	840.0	1	0.00	2.67	840.0	840.0	0.41	1	0.00	2.51
T13-s4	230.0	4.54	230.0	230.0	1	0.00	4.61	230.0	230.0	0.53	1	0.00	4.27
T13-s5	720.0	6.42	720.0	720.0	1	0.00	5.48	720.0	720.0	0.57	1	0.00	4.07
T15-s4	230.0	6.35	230.0	230.0	1	0.00	8.21	230.0	230.0	0.94	1	0.00	5.34
T15-s5	720.0	10.23	720.0	720.0	1	0.00	10.16	720.0	720.0	1.13	1	0.00	5.12
T16-s5	1170.0	6.03	1170.0	1170.0	1	0.00	8.65	1170.0	1170.0	1.05	1	0.00	5.58
T16-s6	1260.0	12.13	1260.0	1260.0	1	0.00	8.66	1260.0	1260.0	1.05	1	0.00	5.58
T18-s5	1170.0	10.29	1170.0	1170.0	1	0.00	9.01	1170.0	1170.0	0.83	1	0.00	4.85
T18-s6	1260.0	10.93	1260.0	1260.0	1	0.00	9.42	1260.0	1260.0	0.94	1	0.00	4.91
T19-s6	920.0	11.63	920.0	920.0	1	0.00	10.59	920.0	920.0	0.79	1	0.00	6.93
T19-s7	1580.0	11.70	1580.0	1580.0	1	0.00	10.59	1580.0	1580.0	0.79	1	0.00	6.93
T21-s6	1520.0	18.42	1539.6	1520.0	3	1.29	29.67	1520.0	1520.0	0.72	1	0.00	9.82
T21-s7	2180.0	13.86	2180.0	2180.0	1	0.00	11.46	2180.0	2180.0	1.24	1	0.00	10.45

续表

Instance	CPLEX		BP					BPT					
	OPT	Time	UB	OPT	Node	Gap	Time	UB	OPT	TS	Node	Gap	Time
T22-s7	1025.0	15.41	1025.0	1025.0	1	0.00	21.33	1025.0	1025.0	1.19	1	0.00	14.69
T22-s8	2080.0	19.53	2117.2	2080.0	3	1.79	40.48	2105.8	2080.0	4.05	3	1.24	31.58
T24-s7	1025.0	21.35	1025.0	1025.0	1	0.00	25.44	1025.0	1025.0	1.24	1	0.00	16.35
T24-s8	2080.0	19.57	2117.2	2080.0	3	1.79	40.51	2105.8	2080.0	4.10	3	1.24	31.61
T25-s8	4835.0	24.95	4934.1	4835.0	3	2.05	50.68	4835.0	4835.0	1.28	1	0.00	24.63
T25-s9	5420.0	58.36	5438.5	5240.0	5	3.79	64.37	5561.4	5420.0	1.28	3	2.61	36.87
T27-s8	5050.0	25.06	5182.8	5050.0	3	2.63	47.23	5163.6	5050.0	3.22	3	2.25	30.25
T27-s9	5635.0	30.17	5757.8	5635.0	3	2.18	59.41	5727.4	5635.0	4.51	3	1.64	38.79
T28-s9	3450.0	25.44	3450.0	3450.0	1	0.00	26.42	3450.0	3450.0	1.42	1	0.00	23.24
T28-s10	3870.0	31.20	3906.3	3870.0	3	0.94	52.88	3897.9	3870.0	3.48	3	0.72	36.48
T30-s9	3450.0	28.63	3450.0	3450.0	1	0.00	24.71	3450.0	3450.0	1.32	1	0.00	22.56
T30-s10	3870.0	32.31	3906.3	3870.0	3	0.94	52.96	3897.9	3870.0	3.54	3	0.72	36.62
Average	2056.1	16.99	2075.4	2049.6	1.71	0.62	23.05	2072.3	2056.1	1.54	1.50	0.37	15.41

通过对实际数据的检验发现，部分任务的任务时长为 30 分钟（TE-TS = 30），存在着一些班次班组资格和精通程度等的要求，然而由于这些班次没有足够的工作时长（SE-SS），导致这些任务不能被指派完成。在实际情况中，为了完成一些当天的任务而延长半个小时的工作时长是很普遍的现象。表 6-6 中的算例是在表 6.5.1 算例的基础上增加班次半个小时的工作时长。测试结果显示，"OPT"的平均值为 3361.8，比表 6-2 中"OPT"的平均值增加了 4.23%，然而平均的计算时间却变化不大，这表明适当增加班次的工作时长，对机场的任务完成率以及班次的工作效率都有所提高，同时对目标函数值也有显著增加。

由于任务数量远大于班次数量，根据目标函数值的设定，被执行任务数量越多，对目标函数值越有利（班次数量有限）。所以对任务进行分类，任务要求较低的分成一类，验证降低任务要求对目标函数值的影响。表 6-7 给出了降低任务要求（资格、精通程度要求）对目标函数值的影响。表 6-7 中的算例是通过调整表 6-2 中的算例得到的，每两个算例为一组，每组算例中班次（shift）是一样的，第一个算例是通过降低任务资格的要求（降低 50%，任务用 $\underline{T}$ 表示），第二个算例是通过降低精通程度的要求（任务用 T' 表示）。

表 6-7 的测试结果显示，"OPT"的均值为 3897.0，和表 6-2 中的均值相比增加了 17.32%，并且通过观察每组算例的目标函数值发现，降低任务对资格的要求比降低任务对精通程度的要求对目标函数的影响程度更大，从而对机场任务完成率影响更直观。因此，当班次给定时，降低任务的要求可以增加任务的完成数量，收益更大，其中选择降低任务对资格的要求比对精通程度的要求对目标函数值的影响更显著。

表6-6 增加班次工作时长的影响

Instance	CPLEX		BP					BPT					
	OPT	Time	UB	OPT	Node	Gap	Time	UB	OPT	TS	Node	Gap	Time
T10-s3	570.0	4.93	570.0	570.0	1	0.00	3.87	570.0	570.0	0.47	1	0.00	4.53
T13-s4	290.0	5.07	290.0	290.0	1	0.00	4.82	290.0	290.0	0.55	1	0.00	4.31
T17-s5	1670.0	7.89	1670.0	1670.0	1	0.00	7.25	1670.0	1670.0	0.94	1	0.00	6.04
T20-s6	1250.0	10.15	1250.0	1250.0	1	0.00	10.81	1250.0	1250.0	0.84	1	0.00	7.18
T23-s7	1025.0	15.41	1025.0	1025.0	1	0.00	21.33	1025.0	1025.0	1.19	1	0.00	12.69
T26-s8	5285.0	29.31	5765.9	5285.0	3	0.91	48.05	5285.0	5285.0	1.44	1	0.00	23.45
T30-s9	3450.0	28.63	3450.0	3450.0	1	0.00	24.71	3450.0	3450.0	1.32	1	0.00	22.56
T33-s10	4760.0	30.12	4830.9	4760.0	3	1.49	50.07	4818.5	4760.0	3.54	3	1.23	39.81
T36-s11	5600.0	32.81	5600.0	5600.0	1	0.00	37.19	5600.0	5600.0	1.81	1	0.00	29.42
T40-s12	7915.0	37.48	8102.6	7915.0	3	2.37	58.63	8069.3	7915.0	5.46	3	1.95	42.69
T43-s13	5165.0	36.97	5289.9	5165.0	3	2.42	56.94	5165.0	5165.0	3.87	1	0.00	32.58
Average	3361.8	21.71	3440.4	3361.8	1.73	0.65	29.42	3381.2	3361.8	1.95	1.36	0.29	20.48

表 6-7　降低任务要求的影响

Instance	CPLEX		BP					BPT					
	OPT	Time	UB	OPT	Node	Gap	Time	UB	OPT	TS	Node	Gap	Time
T10-s3	1770.0	5.18	1770.0	1770.0	1	0.00	4.84	1770.0	1770.0	0.38	1	0.00	4.65
T'10-s3	570.0	4.93	570.0	570.0	1	0.00	3.87	570.0	570.0	0.47	1	0.00	4.53
T13-s4	530.0	4.93	530.0	530.0	1	0.00	4.14	530.0	530.0	0.35	1	0.00	4.86
T'13-s4	230.0	4.54	230.0	230.0	1	0.00	4.61	230.0	230.0	0.53	1	0.00	4.27
T17-s5	3570.0	8.67	3570.0	3570.0	1	0.00	8.81	3570.0	3570.0	1.23	1	0.00	6.25
T'17-s5	1170.0	5.62	1170.0	1170.0	1	0.00	7.06	1170.0	1170.0	0.81	1	0.00	5.18
T20-s6	1580.0	12.43	1580.0	1580.0	1	0.00	10.67	1580.0	1580.0	1.02	1	0.00	9.37
T'20-s6	920.0	11.63	920.0	920.0	1	0.00	10.59	920.0	920.0	0.79	1	0.00	6.93
T23-s7	2020.0	17.08	2020.0	2020.0	1	0.00	22.42	2020.0	2020.0	1.25	1	0.00	18.94
T'23-s7	1025.0	15.41	1025.0	1025.0	1	0.00	21.33	1025.0	1025.0	1.19	1	0.00	12.69
T26-s8	5815.0	28.24	5895.8	5815.0	3	1.39	47.82	5815.0	5815.0	1.62	1	0.00	26.74
T'26-s8	5030.0	27.03	5507.9	5030.0	3	0.95	47.66	5030.0	5030.0	1.44	1	0.00	20.41
T30-s9	4680.0	31.47	4680.0	4680.0	1	0.00	35.59	4680.0	4680.0	1.57	1	0.00	21.62
T'30-s9	3450.0	28.63	3450.0	3450.0	1	0.00	24.71	3450.0	3450.0	1.32	1	0.00	22.56
T33-s10	5885.0	36.68	5957.3	5885.0	3	1.23	54.71	5935.0	5885.0	3.68	3	0.85	43.41
T'33-s10	4760.0	30.12	4830.9	4760.0	3	1.49	50.07	4818.5	4760.0	3.54	3	1.23	39.81

续表

Instance	CPLEX			BP					BPT				
	OPT	Time	UB	OPT	Node	Gap	Time	UB	OPT	TS	Node	Gap	Time
T36-s11	8760.0	67.25	9036.8	8760.0	5	3.16	89.25	8984.2	8760.0	7.24	3	2.56	49.26
T'36-s11	5540.0	31.68	5540.0	5540.0	1	0.00	39.72	5540.0	5540.0	1.64	1	0.00	28.74
T40-s12	9925.0	56.79	10147.3	9925.0	3	2.24	62.75	10097.7	9925.0	5.79	3	1.74	42.59
T'40-s12	7890.0	37.48	8084.1	7890.0	3	2.46	54.82	8050.1	7890.0	6.27	3	2.03	40.65
T43-s13	5720.0	38.47	5720.0	5720.0	1	0.00	45.46	5720.0	5720.0	2.06	1	0.00	32.43
T'43-s13	4895.0	36.79	4895.0	4895.0	1	0.00	40.25	4895.0	4895.0	1.48	1	0.00	31.26
Average	3897.0	24.59	3960.5	3897.0	1.73	0.59	31.42	3927.3	3897.0	2.08	1.45	0.38	21.69

6.6　本章小结

本章研究了机场任务指派问题，首先根据问题特征建立了整数线性规划模型。并用 CPLEX 优化软件对此模型进行求解。基于 Dantzig-Wolfe 分解原理把原问题分解为集合分割模型的主问题和求最短路的子问题。采用分支定价算法（列生成算法和分支定界算法和结合）对分解后的问题精确求解。另外，为了加速列生成算法中子问题的求解速度，提出了先用启发式算法对子问题求解，获得一些高质量的列加入到主问题中，当启发式算法求解失败时，再采用 Label Setting Algorithm 对子问题精确求解并根据最优性判别定理判断当前解是否为最优解。结合实际数据对本章建立的模型和提出的算法进行验证分析，测试结果显示 BPT 算法优于 CPLEX 和 BP 算法，在可接受的时间范围内求得大规模问题（T240-s72）的精确解。同时对影响目标函数值的四个因素：任务数量、班次数量、任务属性和班次工作时长分别进行分析。通过实际算例测试对比，得出具有指导意义的结论，即根据问题特征分别调整四个因素不仅能够提高机场资源的有效利用率，而且能够提高机场的运行效率和服务水平。

本章的目标函数值是由完成的任务直接产生的，和任务的完成有关系，当班次能够完全执行完这个任务，才会把任务指派给这个班次，否则不会考虑。除了本章给出的目标函数，此外，还可以考虑满足"部分任务覆盖率"所产生的目标函数，因为对于有些任务，它们的工作时长可以灵活调整，只要达到所要求的任务覆盖率的最小百分比即可，也就是说一个任务可以在规定时间点过早或者过晚开始执行，只要完成程度（执行任务的连续时长）达到"部分任务覆盖率"就算此任务可以被执行。因而可根据各机场任务特性，为各机场考虑不同的目标函数结构。

第7章　基于改进的多目标文化基因算法的机场任务指派问题研究

7.1　引　　言

机场任务指派问题是一个复杂的组合优化问题，对较大规模任务指派模型的求解具有很大的难度，当任务和班次的数量很大时，问题变得很复杂。现有文献关于航空调度问题的研究主要集中在航班计划（flight scheduling）、机型分配计划（fleet assignment）、飞机排班计划（aircraft scheduling）以及机组排班计划（crew scheduling）等，而关于机场地勤等支持设施调度的研究较少，有限的研究中大多又集中在对机场行李运输车辆调度（Padrón et al.，2016）、机场跑道调度（Jiang et al.，2015），以及机场员工调度（Soukour et al.，2014）上，只有少量文献研究机场任务指派问题的（Tommy，2010）。Epstein and Tassa（2003）研究的指派问题中，任务在一定时间段内可以指派给任一班次，约束条件相对简单，而机场任务指派问题，任务和班次都具有多种属性，约束多，结构复杂。Nagraj et al.（1990）运用网络流技术研究了基于工作负荷的员工排班问题。Chu and Chan（1998）研究了机场地勤员工弹性排班的问题，排班模型是整数规划模型，其目标是在排班结果维持一定员工富余量的基础上以需加班的员工人数最小化为目标函数。Kuno（2001）以员工的最大化利用率为目标并使用分支定界算法对问题进行求解。Detienne 等以员工的最大化利用率为目标并

141

使用分支定界算法对问题进行求解。Luca et al.（2003）提出了最少班次排班模型，其目标在满足员工负荷与实际需求负荷之差在一定可接受范围内的情况下，以员工班次数最小化和以员工的使用数最小化目标函数。Tommy（2010）研究了多任务需求的排班问题，文中建立了模型的目标约束规则库，使用带有对偶松弛参量的模拟退火算法进行求解，并验证了算法的效率和鲁棒性。对于大规模的算例，Soukour et al.（2013）、Ip et al.（2013）、Jiang et al.（2015）、Ascó et al.（2014）分别提出的文化基因算法（Memetic Algorithm，MA）、遗传算法、改进的基因算法（Improved Genetic Algorithm，IGA）和构建启发式算法来求解问题的近似解，而用 CPLEX 软件对模型进行精确求解的研究很少，如 Zou et al.（2017）因为模型中缺乏有效不等式，即使是对小规模的算例精确求解也会需要很长时间。

现有成果为进一步研究考虑非完全覆盖的机场任务指派问题提供了借鉴和思路，为了提高机场的运营效率、服务水平和资源利用率，就需要结合实际要求考虑"部分覆盖率"的设定。由于任务和班次都具有多种属性，为了避免资源浪费，该问题在考虑任务产生效益最大化的同时也需要考虑班次与任务之间的资格精通程度，因此它也是一个多目标优化问题，现有研究大部分采用多目标进化算法求 Pareto 最优解集（Liang et al.，2020）。本书根据研究问题的特征建立数学优化模型并提出了有效不等式，采用改进的多目标文化基因算法（Improved Multi-Objective Memetic Algorithm，IMOMA）对问题进行求解，同时利用 CPLEX 优化软件加有效不等式对考虑不同情况（任务的部分覆盖率、资格的匹配度）的算例求解，并进行对比分析，得出具有指导意义的结论，即根据问题特征分别调整不同因素和对应任务"部分覆盖率"以及资格的"匹配度"，不仅可以增加机场任务的完成率使得效益更大，而且在提高机场的运行效率和服务水平的同时还能控制资源的浪费。因而可根据各机场任务特性，为各机场考虑不同的目标函数结构。

7.2　问题描述与数学模型

7.2.1　问题描述

考虑基于多因素分析的机场任务指派问题,该问题的数学描述如下:设 $G = (V, E)$ 为一个有向图,其中, $V = \{0, 1, \cdots, N\}$ 为节点集, 0 为虚拟任务; $E = \{(i, j): i, j \in V, i \neq j\}$ 为边集。 $T = \{1, 2, \cdots, N\}$ 代表任务集合,个数为 N; $S = \{1, 2, \cdots, M\}$ 代表班次集合,个数为 M。机场每天都有大量的任务等待着指派给有限数量的班次,其中,一个任务代表一种服务,必须由一个或多个具有一定资格(相应资格的精通程度也要满足要求)的地勤人员在规定的时间内完成。假设一个任务可以指派给一个班次,那么它们之间要满足以下约束:

(1)班次的开始时间/结束时间要早于/晚于任务的开始时间/结束时间;

(2)任务要求的资格是班次资格集合的子集,并且该资格的精通程度不大于班次中该资格的精通程度;

(3)不同类型任务分配在不同位置(如不同的航站楼、登机口、检测点等),当机场较大时,不同任务间的距离(用时间表示)必须满足,对于不满足距离要求的任务不能指派给同一个班次;

(4)没有双重分配,意味着同一时间内班次只能执行一个任务;

(5)考虑任务部分覆盖率时,即,在原规定的时间内,任务被连续完成的时长不低于提前设置的覆盖率,那么该任务可以指派给相应的班次来执行。

7.2.2　数学模型

建立数学模型用到的变量及解释如下:

TS_i: 任务 i 的开始时间, $i \in T$;

TE_i: 任务 i 的结束时间, $i \in T$;

143

TS_i^1：考虑部分覆盖率时任务 i 的实际开始时间，$i \in T$；

TE_i^1：考虑部分覆盖率时任务 i 的实际结束时间，$i \in T$；

TT_i：任务 i 的类型，$i \in T$；

TP_i：任务 i 的优先级，$i \in T$；

TQ_i：执行任务 i 的资格要求，$i \in T$；

$Tpro_i$：执行任务 i 所需最低的资格精通程度，$i \in T$；

SS_s：班次 s 的开始时间，$s \in S$；

SE_s：班次 s 的结束时间，$s \in S$；

$SSQ_{s,n}$：班次 s 拥有的第 n 个资格，其中，$s \in S$，$n \in \{1, 2, \cdots, 9\}$；

$SSpro_{s,m}$：班次 s 所拥有第 m 个资格的精通程度，其中，$s \in S$，$m \in \{1, 2, \cdots, 9\}$；

d_{ij}：任务 i 和任务 j 之间的距离，其中，$i, j \in T$。这里的距离用时间表示；

c_{ijs}：任务 i，j 被班次 s 执行所产生的效益，其中，$i, j \in T \cup \{0\}$，$s \in S$，即（$c_{ijs} = (TE_i - TS_i) * TP_i + (TE_j - TS_j) * TP_j$）；

β_1、β_2、β_3：非负变量，其中，$\beta_i \in [0, 1]$，$i \in \{1, 2, 3\}$；

β：非负变量，其中，$\beta \in [0, 1]$；

$\overline{M}$：一个较大的非负常数；

H：非负变量，代表最后完成的任务数。

决策变量：

x_{ijs}：如果班次 s 执行了任务 i，j 取值为 1，否则为 0，其中，$s \in S$，$i, j \in T \cup \{0\}$。

根据上面变量的定义，建立如下整数规划模型：

$$f_1 = \max \frac{1}{2} * \left(\sum_{s \in S} \sum_{i \in T \cup \{0\}} \sum_{j \in T \cup \{0\}} c_{ijs} x_{ijs} \right) \tag{7-1}$$

$$f_2 = \min \sum_{i \in T} \sum_{j: j \neq i, j \in T} \sum_{s \in S, m \in \{1, 2, \cdots, 9\}} (SSpro_{s,m} - Tpro_i) x_{ijs} \tag{7-2}$$

$$\sum_{i \in T} x_{0is} = 1, \quad s \in S \tag{7-3}$$

$$\sum_{i \in T} x_{i0s} = 1, \quad s \in S \tag{7-4}$$

$$\sum_{s \in S} x_{ijs} \leq 1, \ i, \ j \in T \cup \{0\} \tag{7-5}$$

$$\sum_{i \in T, \ i \neq h} x_{ihs} - \sum_{j \in T, \ j \neq h} x_{hjs} = 0, \ h \in T, \ h \neq 0, \ s \in S \tag{7-6}$$

$$\sum_{i \in T, \ i \neq 0} x_{iis} = 0, \ s \in S \tag{7-7}$$

$$
\left\{
\begin{array}{l}
SSQ_{s,n} \sum_{j \in T, j \neq i} x_{ijs} = TQ_i \sum_{j \in T, j \neq i} x_{ijs}, i \in T, i \neq 0, s \in S, n \in Spro \quad (7\text{-}8) \\[2ex]
Tpro_i * \sum_{j \in T, j \neq i} x_{ijs} \leq SS\,pro_{s,m} * \sum_{j \in T, j \neq i} x_{ijs}, i \in T, i \neq 0, s \in S, m \in SQ, m = n \quad (7\text{-}9) \\[2ex]
\prod_{m \in SQ} (TQ_i - SSQ_{s,m}) * \sum_{j \in T, j \neq i} x_{ijs} = 0, i \in T, s \in S \quad (7\text{-}10)
\end{array}
\right.
$$

$$SS_s - TS_i^1 \leq (1 - x_{ijs})\overline{M}, \ i \in T, \ i \neq 0, \ j \in T, \ j \neq i, \ s \in S \tag{7-11}$$

$$TE_i^1 - SE_s \leq (1 - x_{ijs})\overline{M}, \ i \in T, \ i \neq 0, \ j \in T, \ j \neq i, \ s \in S \tag{7-12}$$

$$TE_i^1 - TS_i^1 \geq \beta(TE_i - TS_i), \ i \in T, \ i \neq 0, \ j \in T, \ j \neq i, \ s \in S$$

$$\tag{7-13}$$

$$TE_i^1 \geq TE_i, \ i \in T, \ i \neq 0 \tag{7-14}$$

$$TS_i^1 \leq TS_i, \ i \in T, \ i \neq 0 \tag{7-15}$$

$$TE_i^1 + d_{ij} - TS_j^1 \leq (1 - x_{ijs})\overline{M}, \ i \in T, \ i \neq 0, \ j \in T, \ j \neq 0, \ j \neq i, \ s \in S$$

$$\tag{7-16}$$

$$\sum_{i \in T \cup \{0\}} \sum_{j \in T \cup \{0\} \ : \ j \neq i} \sum_{s \in S} x_{ijs} = H + M, \ H \leq N \tag{7-17}$$

$$\sum_{i \in T} \sum_{s \in S} x_{0is} \leq M \tag{7-18}$$

$$x_{ijs} \in \{0, 1\}, \ i, \ j \in T \cup \{0\}, \ s \in S \tag{7-19}$$

式（7-1）表示目标函数，最大化任务指派所产生的效益，其值等于由班次所完成的任务产生的效益，由于每一个被完成的任务在 $\sum_{s \in S} \sum_{i \in T \cup \{0\}} \sum_{j \in T \cup \{0\}} c_{ijs} x_{ijs}$ 这里都被计算了两次，所以系数要乘以 1/2；式（7-2）表示目标函数，最小化任务（由班次所完成）与班次之间相应资格精通程度差总和；式（7-3）表示每一个班次都从任务 0 开始（这里任务 0 表示空任务）；式（7-4）表示每一个班次最后都回到任务 0；式（7-5）表示每一个任务最多由一个班次去完成，由于通常情况下班次数量有限，而任务的数量会多于班次

145

数量，所以会有一部分任务没有被完成；式（7-6）表示流量守恒约束；式（7-7）表示每一个任务不允许被多次完成；式（7-8）~式（7-10）表示一个任务如果被一个班次执行，那么就要满足资格要求以及相应资格精通程度相匹配的要求，同时，资格和精通程度在一个维度上，即 $n=m$；式（7-11）~式（7-15）表示考虑"部分覆盖率"的情况；式（7-16）表示当两个任务被同一个班次去完成时，那么要满足距离上的要求，文中所涉及到的所有距离矩阵严格满足三角不等式；式（7-17）表示给定一定数量的班次之后，由这些班次总共完成的任务的数量；式（7-18）表示完成任务的班次个数不能超过已知的班次数；式（7-19）表示决策变量 x_{ijs} 属于 0-1 变量。

7.3　模型分析与有效不等式

其中不等式（7-5）表示每个任务至多由一个班次去执行，这里使用关联矩阵 A 解释说明。设矩阵 A 是 $N*M$ 维，那么任务 t 和班次 s 的关联矩阵如下所示：

$$
A = \begin{array}{c} \\ t_1 \\ t_2 \\ t_3 \\ \vdots \\ T \end{array}
\begin{array}{cccccc}
s_1 & s_2 & s_3 & \cdots & S & \leftarrow 班次 \\
\left[\begin{array}{ccccc}
0 & 0 & 1 & \cdots & 1 \\
1 & 1 & 0 & \cdots & 1 \\
1 & 0 & 0 & \cdots & 1 \\
\vdots & \vdots & \vdots & \cdots & \vdots \\
0 & 0 & 1 & \cdots & 0
\end{array}\right]_{|N|\times|M|}
\end{array}
\quad \leftarrow 关联矩阵
$$

↑
任务

关联矩阵 A 中的行代表任务（N 个），列代表班次（M 个），矩阵中的元素"1"表示满足约束条件该任务可以指派给对应列上的班次，反之为"0"。不等式（7-5）表示每行的值相加不大于 1，即每个任务至多由一个班次去执行。

约束条件式（7-9）表示班次 s 在满足资格要求的条件下（$SSQ_{s,m}=TQ_i$），还需要满足相应维度上资格的精通程度不低于 $Tpro_i$ 的要求。本章的另外一个目标，即尽量安排精通程度相近的班次去执行该任务，即不等式(7-9)可以变成下面的有效不等式：

$$Tpro_i * \sum_{j \in T, j \neq i} x_{ijs} \leq SS\,pro_{s,m} * \sum_{j \in T, j \neq i} x_{ijs} \leq (Tpro_i + \theta) * \sum_{j \in T, j \neq i} x_{ijs},$$
$$i \in T, i \neq 0, s \in S, m \in SQ, m = n \qquad (7\text{-}20)$$

其中，θ 根据机场人员班次与任务之间的特征需求来设置，表示资格的匹配度。

由实际情况可知不同任务类型之间的距离 d_{ij}，$i, j \in T$ 且 $i \neq j$ 是不同的，d_{ij} 的值用时间表示，其值越大表明花费在两个任务之间路上的时间越多，造成时间浪费，这个不利于提高班次的利用率，因此在对数据进行处理时，即指派给同一个班次的两个任务之间的距离 d_{ij} 满足如下不等式：

$$d_{ij} \leq D, i, j \in T \text{ 且 } i \neq j \qquad (7\text{-}21)$$

其中，D 根据机场数据的实际情况进行设定。

另外，由约束条件式（7-11）可知当任务被班次执行时，任务的实际开始执行时间不能小于该班次开始的上班时间，但是对于该班次执行的第一个任务，除了满足不等式（7-11）以外，为了避免资源浪费，提高班次利用率，还应该限制班次的等待时间，那么添加如下不等式：

$$(TS_i^1 - SS_s)x_{0is} \leq \frac{1}{5}(SE_s - SS_s), i \in T, i \neq 0, s \in S \qquad (7\text{-}22)$$

即班次的等待时间不能大于其正常工作总时间的 1/5。

7.4　改进的多目标文化基因算法

本章研究问题属于 NP-难题，为了在短时间内获得问题的解决方案，通常采用启发式算法进行求解。文化基因算法自 Moscato（1989）提出以来引起了广泛关注，已经成功应用于求解各类多目标调度优化问题（Burke et al.，2010；Wang et al.，2020；Abedi et al.，2020），其主要优势如下：首先，以遗传算法作为全局搜索过程，具有良好的全局寻优能力。其次，引入局部搜索算法，具备深度搜索优势，提升了获得高质量可行解的概率。大邻域搜索算法在求解 VRP 及其变种问题时，求解优势明显。因此，本章提出一种改进的多目标文化基因算法，结合了改进的遗传算法和用于局部搜索的大邻域搜索过程，并引入基于 Pareto 等级 i_{rank} 和拥挤度距离 $i_{distance}$ 的种群选择操作，解决多目标优化问题中目标间的矛盾，具体流程如图 7-1 所示。

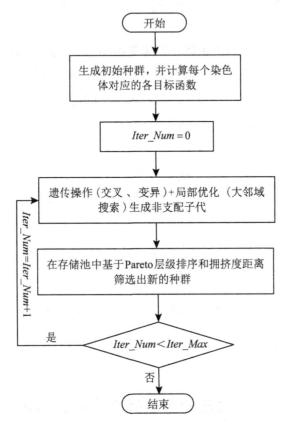

图 7-1　改进的多目标文化基因算法流程

7.4.1　Pareto 解的相关定义

最大化任务指派所产生的效益、最小化任务与班次之间相应资格精通程度差的总和是本章的两个优化目标，由于两个目标之间存在矛盾，通常不能找到一个解使这两个目标同时达到最优，故需要找到 Pareto 非支配解，使两个目标值对决策者而言达到可接受。

定义 1：如果一个解 x 占优于一个解 $y(x < y)$，当且仅当对 $\forall i \in \{1, 2, \cdots, k\}$，$f_i(x) \leqslant f_i(y)$ 成立，并且 $\exists i \in \{1, 2, \cdots, k\}$，使 $f_i(x) < f_i(y)$ 成立。

如果一个解未被任何其他解占优，则该解被称为 Pareto 最优。Pareto 最优解的集合被称为 Pareto 前沿。因此，多目标优化算法的目的就是寻找 Pareto 前沿，或者接近 Pareto 前沿。

7.4.2 染色体的编码与解码

本章使用自然数的编码方式构造染色体，其中 0 表示空任务，其他自然数表示要执行的任务（由于并不是所有任务都能被执行，所以染色体长度可能不一致）。染色体编码如图 7-2（a）所示，每条染色体表示任务的执行顺序，图 7-2（b）为对应的解码后的个体，表示班次 1 先执行任务 0，依次执行任务 5、8、3、9 然后回到任务 0，班次 2 从任务 0 开始，执行任务 1、2、6 后回到任务 0。

（a）编码示意图

（b）解码示意图

图 7-2

7.4.3 初始种群的生成

初始解的质量对算法的求解效果和求解效率有着至关重要的影响。因此，本文采用三种方法生成初始种群，种群规模为 P_Size：（1）贪婪修复算子

（具体介绍见 7.6），生成一条染色体；（2）后悔修复算子（具体介绍见
7.6），生成一条染色体；（3）基于随机生成的序惯最优插入：随机生成（P_
Size-2）个所有任务被安排的顺序，然后依次将任务安排给与班次之间相应资
格精通程度差最小的班次，直到没有可行的指派存在，从而生成（P_Size-2）
条染色体。

7.4.4　全局搜索——遗传算法

1. 交叉算子

不同的染色体中被执行的任务及其数目存在差异，因此本章基于路径交
叉算子（Decerle et al.，2019）进行改进。具体步骤如下：

Step1：以一定的概率随机选择两个染色体 P_1 和 P_2，然后随机选择它们各
自解码所对应的一条路径 RP_1 和 RP_2，即某一班次所执行的任务路径。

Step2：首先，删除染色体 P_1 中与路径 RP_2 相同的客户，然后基于序惯插
入法，在满足任务指派约束的条件下将 RP_2 中的任务指派到当前 P_1 中，从而
生成新的子代 PC_1。同理，基于亲本 P_2 和 RP_1，产生了另一个子代 PC_2。

Step3：将局部搜索算法作用于步骤 2 产生的子代 PC_1 和 PC_2，生成更高
质量的新的子代 NC_1 和 NC_2，如图 7-3 所示。

2. 变异算子

由于研究问题中任务与班次之间的资格匹配和熟练程度匹配程度要求较
高，导致存在任务可能不被执行的情形。因此，为了增加种群的多样性及生
成高质量的个体，本文采用已执行任务与未被执行任务在满足班次执行任务
的约束条件下进行互换变异，具体步骤如下：

Step1：以一定的概率随机选择一条未执行完所有任务的染色体作为亲本
P_1。

Step2：随机选择该染色体中的一个变异点和不在该染色体中的待执行任
务，将变异点的任务与该待执行的任务互换，产生新的子代。

Step3：将局部搜索算法作用于步骤 2 产生的子代 PC_1，生成更高质量的

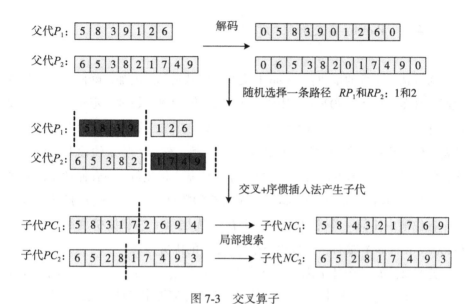

图 7-3 交叉算子

新的子代 NC_1，如图 7-4 所示。

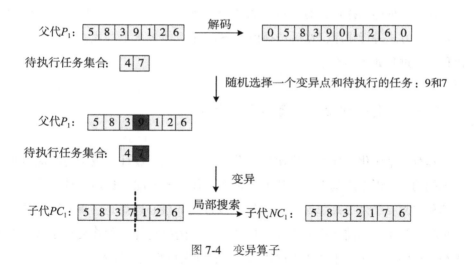

图 7-4 变异算子

7.4.5　Pareto 非支配集的维护

随着迭代次数的增加，Pareto 非支配解的数目随之增加，降低了算法的收敛速度（范厚明等，2020）。因此，当非支配解的数目超过一定阈值时，需要通过评价每个个体的优劣来淘汰相应的个体。首先，采用容量较大的存储池结构存储父代种群和当代新生成未被占优的解。然后，鉴于快速非支配排序方法的优异表现（Deb et al.，2002），本算法基于优化目标对存储池中的解进行选择操作以维护每一代 Pareto 非支配集解的数目，从而生成新的父代种群。

存储池中任何一个个体 i 基于未被占优层级 i_{rank} 和拥挤度距离 $i_{dis\,tan\,ce}$（crowed-distance）属性，可以得出个体 i 和 j 的优劣关系。

定义 2：如果个体 i 优于个体 j 当且仅当 $i_{rank} < j_{rank}$ 或（$i_{rank} = j_{rank}$ and $i_{dis\,tan\,ce} > j_{dis\,tan\,ce}$）。其中，$i_{rank}$ 是个体 i 在当前存储池中未被占优的层级，层级越低表示该个体越好；$i_{dis\,tan\,ce}$ 是表示处于同一层级的个体 i 与其相邻两个解的距离，距离越大即更少的拥挤距离表示该个体及其对应的解越好。i_{rank} 和 $i_{dis\,tan\,ce}$ 的计算方法参照 Deb et al.，2002。

在进行种群选择操作时，对存储池中的所有解按照层级升序、拥挤度距离降序的方式进行排序，然后选择前 P_Size 个个体进入下一代，作为新的父代种群，过程如图 7-5 所示。

7.4.6　局部搜索——大邻域搜索过程

本章两个优化目标均受班次任务分配决策影响，设计邻域结构时应着重考虑扰动这一因素。基于此，基于"班次与任务的匹配"提出三种移除算子和两种修复算子来提高邻域解的质量。该过程的核心思想是：首先随机选择一种移除算子从当前解中移除 q 个任务；然后随机选择一种修复算子将所有未被执行的任务集合中的任务重新插入，直到无可行任务插入。

1. 移除算子

（1）随机移除算子。随机选择 q 个任务从当前解中删除，并放入未被执

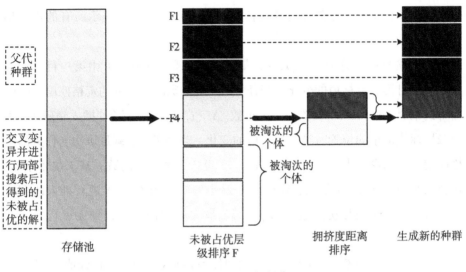

图 7-5 种群选择操作

行的任务集合中。该算子较大的随机性扩大了邻域解的搜索空间，避免陷入局部最优。

（2）最坏移除算子。给定一个任务 i 和当前解 S，$f_1(S)$ 和 $f_2(S)$ 分别表示当前解 S 的第一目标函数值和第二目标函数值。$f_1^{-i}(S)$ 表示从解 S 中移除任务 i 后的效益，$\Delta f_1^{-i}(S) = f_1(S) - f_1^{-i}(S)$，$f_2^{-i}(S)$ 表示从解 S 中移除任务 i 后的第二目标函数值，$\Delta f_2^{-i}(S) = f_2(S) - f_2^{-i}(S)$。由于本文两个目标的冲突性，为了增加邻域解的搜索范围，每次迭代随机选择基于第几个目标进行最坏移除，即最坏移除算子是不断移除使得 $\Delta f_1^{-i}(S)$ 或 $\Delta f_2^{-i}(S)$ 最大的任务，直至移除 q 个任务。

（3）聚类移除算子。在当前解 S 中随机选择一个任务，然后以与该任务的资格要求一致为聚类移除原则，移除 $q-1$ 个客户。该算子目的是为了便于交换班次执行的任务以期获得更好的 Pareto 非支配解。

2. 修复算子

该过程是利用修复算子，把移除过程中被移除的任务和未被执行的任务集合中的任务重新插入到移除后剩余的部分解中，记移除的任务和和未被执行的任务集合中的任务放在待执行任务集合为 N_{Task}，N_{Shift} 表示所有的班次集合。

（1）贪婪修复算子。$\Delta f_1(i, k)$ 表示任务 i 插入到班次 k 中第一目标值最大的位置时第一目标值的变化，当任务 i 不满足班次与任务的资格匹配、时间窗等约束时，$\Delta f_1(i, k)$ 设置为一个负数。$\Delta f_2(i, k)$ 表示任务 i 插入到班次 k 中第二目标值最小的位置时第二目标值的变化，当任务 i 不满足班次与任务的资格匹配、时间窗约束等限制时，$\Delta f_2(i, k)$ 设置一个很大的数。基于贪婪原则，选择同时使 $\Delta f_1(i, k)$ 最大、$\Delta f_2(i, k)$ 最小的对应的 (i, k) 进行插入匹配满足，若无法同时满足优先选择 $\Delta f_1(i, k)$ 最大进行插入，直到无可行插入存在。

（2）后悔修复算子。$\Delta Rf_1^{(i, g)}$ 表示把任务 i 插入到使第一目标值第 g^{th} 大的路径中的最好的位置时第一目标值的变化，$\Delta Rf_2^{(i, g)}$ 表示把任务 i 插入到使第二目标值第 g^{th} 小的路径中的最好的位置时第二目标值的变化。在每一次迭代中，选择要插入的任务 i 同时满足 $i = \arg\max_{i \in N_{\text{Task}}} \{ \Delta Rf_1^{(i, 1)} - \Delta Rf_1^{(i, 2)} \}$ 且 $i = \arg\max_{i \in N_{\text{Task}}} \{ \Delta Rf_2^{(i, 2)} - \Delta Rf_2^{(i, 1)} \}$，然后将任务 i 插入到对应班次的最好位置，若无法同时满足优先选择 $i = \arg\max_{i \in N_{\text{Task}}} \{ \Delta Rf_1^{(i, 1)} - \Delta Rf_1^{(i, 2)} \}$ 最大的任务 i 进行插入，直到无可行插入存在。其中，该算子中设置 $g = 2$。

7.5　算例测试及结果分析

本章所有测试在一个频率为 2.8 赫兹，运行内存为 4G 的计算机上进行。算法代码在 C++ 中编码，编译环境为 Visual Studio 2008，使用优化软件 IBM ILOG CPLEX 12.2 的版本对数学优化模型进行求解。

7.5.1　实验数据

为了验证所建立模型以及所采用改进的多目标文化基因算法的效果，结合国内某航空咨询公司提供的实际数据构造算例进行实验。根据机场数据的实际情况设置 $D=14$，$\theta=2$ 比较合适，设任务和班次的比例为 $3:1$。为了检验所提出算法的效果，结合国内某航空咨询公司提供不同规模的实际算例进行测试分析，用"txx_sxx"表示算例，其中 t 代表任务，s 代表班次。比如："t6_s2"表示算例中包含 6 个任务和 2 个班次。基于数据测试，改进的多目标文化基因算法实验参数设定如下：种群规模 P_size=10，交叉概率 $P_c=0.8$，变异概率 $P_m=0.3$，存储池容量 C_size=40，最大迭代次数 Iter_Max=50。

7.5.2 部分覆盖率对目标函数的影响

由于本章考虑了最大化任务指派所产生的效益和最小化任务与班次之间相应资格精通程度差的总和这两个目标函数，算法的最终求解结果是一个存在多个满意解的 Pareto 解集，覆盖率 β 设置为 0.8。因此，本章结合航空公司的优化需求，依次按照最大化任务指派所产生的效益、最小化任务与班次之间相应资格精通程度差的总和顺序选择 3 个最优结果作为算例输出结果。其中，第一列表示算例规模，第二、三和四列分别代表 CPLEX 优化软件求得的第一目标函数值（Z_1^{Cplex}）、第二目标函数值（Z_2^{Cplex}）和求解时间（单位秒），第五、六和七列分别代表算法"IMOMA"求解结果对应的第一目标值（Z_{2_1}）、第二目标值（Z_{2_2}）和算法运行时间（单位秒），第八、九、十列分别表示该算法中初始种群对应的初始解的第一目标值（Z_{3_1}）、第二目标值（Z_{3_2}）和求得初始解的运行时间（单位秒）。最后两列"Gap1（%）"等于
"$\dfrac{Z_1^{Cplex}-Z_{2\_1}}{Z_1^{Cplex}}*100\%$"、"Gap2（%）"等于"$\dfrac{Z_{2\_1}-Z_{3\_1}}{Z_{2\_1}}*100\%$"。

1. 模型与算法验证

为了验证算法求解这类问题的有效性，采用了 IBM ILOG CPLEX 优化软件分别对 12 个不同规模的实验算例以最大化任务指派所产生的效益为单目标进行求解，第二目标函数值是在第一目标函数值的基础上计算得出，并设置最长运行时间为 90 分钟。表 7-1 给出了 CPLEX、IMOMA 和 IMOMA_Initial 求解

表 7-1　CPLEX，IMOMA 和 IMOMA_Initial 求解小规模算例的结果对比

算例	Cplex 求解			IMOMA			IMOMA_Initial			Gap1 (%)	Gap2 (%)
	Z_1^{Cplex}	Z_2^{Cplex}	时间（s）	Z_{2_1}	Z_{2_2}	时间（s）	Z_{3_1}	Z_{3_2}	时间（s）		
6_2	1100	15	3.73	1100	15	1.17	1100	15	0.47	0	0
				1100	15		1100	15			0
				1100	15		1100	15			0
9_3	2750	21	5.36	2750	21	2.98	2750	21	0.73	0	0
				2750	21		2750	21			0
				2750	21		2750	21			0
12_4	3905	27	4.65	3905	27	5.57	3905	27	1.00	0	0
				3905	27		3905	27			0
				3905	27		3905	27			0
15_5	4635	27	5.53	4635	27	5.72	4635	27	1.14	0	0
				4635	27		4635	27			0
				4635	27		4635	27			0
18_6	5405	30	8.79	5405	30	8.73	5405	30	1.34	0	0
				5405	30		4505	27			16.65
				4505	27		4505	27			0
21_7	5665	33	11.96	5665	33	12.05	5665	33	1.59	0	0

续表

算例	Cplex 求解			IMOMA			IMOMA_Initial			Gap1 (%)	Gap2 (%)
	Z_1^{Cplex}	Z_2^{Cplex}	时间 (s)	Z_{2_1}	Z_{2_2}	时间 (s)	Z_{3_1}	Z_{3_2}	时间 (s)		
24_8				5665	33		5435	33			4.06
				4765	30		4765	30			0
	7385	48	15.75	7385	48	16.14	7385	48	1.73	0	0
				7385	48		7385	48			0
				7235	45		6485	45			10.37
27_9				8085	54		8085	54			0
	8085	56	17.03	8085	54	19.67	8085	54	1.87	0	0
				7935	51		7185	51			9.45
30_10				9160	54		9160	54			0
	9160	54	19.24	8280	51	26.64	7510	51	2.05	0	9.30
				7355	48		6510	48			11.49
33_11				10040	57		10040	57			0
	10040	57	20.06	10040	57	30.88	10040	57	2.44	0	0
				10040	57		10040	57			0
36_12	10350	60	34.74	10350	60	41.74	10350	60	2.66	0	0
				10350	60		9850	60			4.83

续表

算例	Cplex 求解			IMOMA			IMOMA_Initial			Gap1 (%)	Gap2 (%)
	Z_1^{Cplex}	Z_2^{Cplex}	时间（s）	Z_{2_1}	Z_{2_2}	时间（s）	Z_{3_1}	Z_{3_2}	时间（s）		
39_13	12060	81	43.80	9450	57	49.02	8735	57	2.88	0	7.57
				12060	78		12060	78			0
				11760	72		11180	75			4.93
				10880	69		10280	72			5.51
Avg.	42		15.63	6512	40.91	18.35	6368	41	1.66	0	0.36

小规模算例的结果对比。首先，从计算耗时来看，Cplex 求解、IMOMA 和 IMOMA_Initial 呈递增趋势，这是因为局部搜索需要在个体的基础上搜索大量的领域结构，从而增加了程序的运行时间，而基于 Pareto 的排序又增加了 IMOMA 的运算时间，但是对于小规模算例，IMOMA 算法仍然可以在一分钟（60s）内求得不低于 Cplex 求解质量的解，因此，求解质量得到了保证。其次，初始解采用了高效的修复算子和"基于随机生成的序惯最优插入"等有效方法可以在很短的时间内求得高质量的解。最后，比较 IMOMA 和 IMOMA_Initial，这 12 个算例中有 5 个算例双方都得到了唯一解，说明基于 Pareto 的优化方法在求解最优解时鲁棒性较好。在其余 7 个算例中 IMOMA 都取到了多个解，其中 6 个算例 IMOMA 得到的 Pareto 最优解都要好于 IMOMA_Initial，说明 IMOMA 求解多目标问题时具有很大的优势。

由列"Gap1"中的数据可知，IMOMA 求解每个算例三个解中的第一个满意解与 Cplex 的求解结果一样，不仅说明了模型的有效性，也说明了算法的有效性。列"Gap2"的数据中最大值为 16.65%，当算例规模越大时，IMOMA 的优势越明显；另外，该列数据表明当第二目标函数值相同时，多个算例的第一目标函数值 Z_{2_1} 优于 Z_{3_1}，比如算例"21_7""24_8""27_9""30_10"和"39_13"。最后，从最后一行的均值可以看出，IMOMA 算法求得的第一目标函数值不仅可以保持和 Z_1^{Cplex} 的一样，同时第二目标函数均值比 Z_2^{Cplex} 小（算例 27_9、39_13），这是因为 CPLEX 无法求解多目标函数，只能求解第一目标函数，Z_2^{Cplex} 的值是在第一目标函数值的基础上计算出来的。

2. 大规模算例结果

使用改进的多目标文化基因算法对算例规模为 111_37、123_41、……、243_81 的大规模算例进行求解。表 7-2 中第一列表示算例规模，第二、三和四列分别代表 CPLEX 优化软件求得的 Z_1^{Cplex}、Z_2^{Cplex} 的值和求解时间，第五、六和七列分别代表 IMOMA 算法求解结果对应的 Z_{2_1}、Z_{2_2} 和算法运行时间。最后两列"Gap1（%）"等于"$\frac{Z_1^{Cplex} - Z_{2\_1}}{Z_1^{Cplex}} * 100\%$""Gap3（%）"等于

"$\dfrac{Z_{2\_2} - Z_2^{Cplex}}{Z_{2\_2}} * 100\%$"，其中，"$-$"表示使用 CPLEX 求解软件无法在规定的

时间内对算例进行求解。由表 7-2 可知，当算例规模增大到 183_61 时，
CPLEX 无法在规定时间内进行求解，而本章使用的改进多目标文化基因算法
能够在规定的时间内对最大规模为 243_81 的算例进行求解，并可以提供多个
满意解。从前 6 个 CPLEX、IMOMA 求解的算例可以看出，一方面，虽然
IMOMA 没有求得最优解，但是从已经求得的算例可知，IMOMA 可以提供高质
量的近似最优解，第一目标函数值与 Cplex 将本章第一目标作为唯一目标求解
的最优解的 Gap1 平均值小于 0.9%（Gap1 的最大值为 1.02%）；另一方面，
因为本章使用的 IMOMA 可以求解多目标整数规划模型并提供满意解，而
CPLEX 只能保证第一目标函数值最优，无法对第二目标进行优化，因此，
IMOMA 在保证第一目标函数值近似最优解时，第二目标函数值都优于 CPLEX
求得的 Z_2^{Cplex} 的值，最大 Gap3 达到 7.41%，平均优化 5.89%，进一步证明了
本章模型和算法能够提供高质量的近似 Pareto 前沿。

表 7-2　　　　改进的多目标文化基因算法求解大规模算例实验结果

算例	Cplex 求解			IMOMA			Gap1 （%）	Gap3 （%）
	Z_1^{Cplex}	Z_2^{Cplex}	时间（s）	Z_{2_1}	Z_{2_2}	时间（s）		
111_37	32730	216	660.81	32430	204	695.00	0.92	−5.88
				32280	201			
				31400	198			
123_41	35780	240	1032.77	35480	228	934.75	0.84	−5.26
				35330	225			
				35180	222			
135_45	40385	276	1061.73	40085	264	1118.70	0.74	−4.54
				39785	258			
				39635	255			
147_49	44280	306	2193.92	43830	288	1316.83	1.02	−6.25
				43530	282			

算例	Cplex 求解			IMOMA			Gap1 (%)	Gap3 (%)
	Z_1^{Cplex}	Z_2^{Cplex}	时间（s）	Z_{2_1}	Z_{2_2}	时间（s）		
				43380	279			
159_53	47205	318	2940.52	46755	300	1659.45	0.95	-6.00
				46455	294			
				43845	288			
171_57	50095	348	4832.28	49645	324	1996.65	0.89	-7.41
				49345	318			
				46655	312			
183_61	—	—		54340	360	2557.37		
				54190	357			
Avg.				54040	354			
195_65	—	—		57360	378	2679.03		
				56760	366			
				56610	363			
207_69	—	—		60450	393	3388.92		
				59150	384			
				58850	378			
219_73	—	—		63500	423	3792.66		
				63200	417			
				62750	408			
231_77	—	—		67065	432	4390.16		
				66915	429			
				66765	426			
243_81	—	—		70130	453	5103.41		
				69980	450			
Avg.				69830	447			

7.5.3　参数灵敏度分析

1. 设置不同覆盖率 β 对目标函数的影响

为了研究覆盖率 β 对目标函数值的影响，随机生成 6 个算例进行实验。每个算例结果取 IMOMA 求得三个满意解的平均值，测试结果如图 7-6 所示。分别取覆盖率 Belta = 1、Betal = 0.8 和 Betal = 0.6，其中，Betal = 1 表示全覆盖，意味着一旦任务被执行就要求被完全覆盖，图 7-6（a）表示不同覆盖率对总效益（第一目标函数值）的影响，图 7-6（b）表示不同覆盖率对资格精通程度差总和（第二目标函数值）的影响。从图 7-6（a）可以看出，第一目标函数值随覆盖率降低而显著增加，当 Betal = 0.8 时，第一目标函数值的均值增加了 13.26%，当 Betal = 0.6 时，第一目标函数值的均值增加达到 15.75%；从图 7-6（b）可以看出，第二目标函数值随覆盖率的降低而增加，当 Betal = 0.8 时，第二目标函数值的均值增加了 6.45%，当 Betal = 0.6 时，第二目标函数值的均值增加了 9.67%，整体增加率低于图 7-6（b）中测试结果的增加率。

2. 班次工作时长对目标函数的影响

在企业的实际运作中，由于某一时间段内任务量繁重，为了完成任务而延长半个小时或者一个小时的工作时长是很普遍的现象。通过对实际数据的检验发现，有部分任务的任务时长是 30 分钟或者 60 分钟，一些班次满足资格和精通程度等的要求，然而由于没有足够的工作时长导致这些任务不能被执行。为了分析班次工作时长对目标函数的影响，对随机生成的 6 个原算例进行实验，表 7-3 分别给出了原算例（设置覆盖率为 0.8 的算例）、在原算例基础上班次的工作时长增加 30 分钟和增加 60 分钟算例的测试结果，最后一行为均值。由实验结果可以看出，在保持其它约束和属性不变的情况下，随着工作时长的增加，总效益增加，资格精通程度差总和也增加，而平均求解时间上变化不大。特别是当班次的工作时长增加 60 分钟时，总效益的均值从 19919 增加到 21120，增加了 6.03%，这表明适当增加班次的工作时长，对总效益的值有显著提高，从而对机场的任务完成率和班次的工作效率都有积极

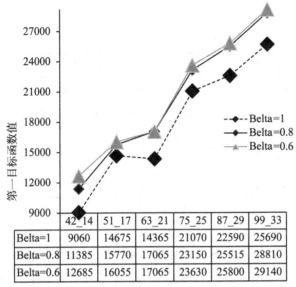

	42_14	51_17	63_21	75_25	87_29	99_33
Belta=1	9060	14675	14365	21070	22590	25690
Belta=0.8	11385	15770	17065	23150	25515	28810
Belta=0.6	12685	16055	17065	23630	25800	29140

（a）不同覆盖率对第一目标函数值的影响

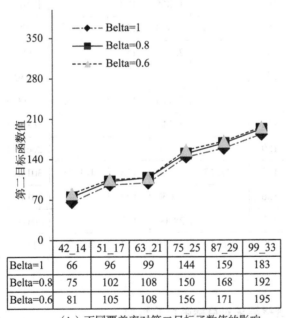

	42_14	51_17	63_21	75_25	87_29	99_33
Belta=1	66	96	99	144	159	183
Belta=0.8	75	102	108	150	168	192
Belta=0.6	81	105	108	156	171	195

（b）不同覆盖率对第二目标函数值的影响

图 7-6

影响。

表 7-3　　　　　　　　　　班次工作时长对目标函数的影响

算例	原算例			工作时长增加 30 分钟			工作时长增加 60 分钟		
	Z_{2_1}	Z_{2_2}	时间（s）	Z_{2_1}	Z_{2_2}	时间（s）	Z_{2_1}	Z_{2_2}	时间（s）
42_14	11385	75	45.25	12135	78	47.06	12135	78	48.31
	11385	75		12135	78		12135	78	
	10485	72		12135	78		12135	78	
51_17	15770	102	98.43	15920	105	94.42	16055	105	91.30
	15620	99		15620	99		15905	102	
	15470	96		15470	96		15755	99	
63_21	17065	108	124.67	17065	108	115.05	18065	111	112.75
	17065	108		17065	108		18065	111	
	16465	105		17065	108		17165	108	
75_25	23150	150	202.64	23390	153	194.33	24380	156	197.19
	23000	147		23390	153		24080	150	
	22850	144		23090	147		23630	147	
87_29	25515	168	318.54	25710	171	336.02	26800	174	319.27
	25215	162		25710	171		26800	174	
	22430	159		25560	168		26650	171	
99_33	28810	192	447.63	29050	195	441.88	30140	198	422.67
	28510	186		29050	195		30140	198	
	28360	183		28900	192		30140	198	
均值	19919	129	206.19	20470	133	204.79	21120	135	198.58

3. 任务的资格要求对目标函数的影响

为了提高企业的服务质量，增加企业的市场竞争力，现在越来越多企业重视员工技能培训以提高员工的工作能力。随着员工技能的提高，任务的资格要求也就相对降低了。为了研究任务资格要求对目标函数的影响，对随机生成的 6 个原算例进行实验，表 7-4 分别给出了原算例、在原算例基础上任务资格要求降低 25% 和降低 50%（其他属性保持不变）的测试结果。由表 7-4 可知，在保持其它约束和属性不变的情况下，随着任务要求的降低，总效益函数值增加，资格精通程度差总和也增加，而平均求解时间上变化仍不大。最后，当任务的资格要求降低 50% 时，Z_{2_1} 的均值从 19919 增加到 23835，增加了 19.66%，而 Z_{2_2} 的均值从 130 增加到 141，增加了 7.80%，Z_{2_1} 的增加率更加明显。因此，通过均值的变化发现，降低任务资格要求会对总效益目标产生较大程度的影响，从而对机场任务完成率影响也更直观。

表 7-4　　　　　　　　　　任务的资格要求对目标函数的影响

算例	原算例			任务资格降低 25%			任务资格降低 50%		
	Z_{2_1}	Z_{2_2}	时间（s）	Z_{2_1}	Z_{2_2}	时间（s）	Z_{2_1}	Z_{2_2}	时间（s）
42_14	11385	75	45.25	12005	75	40.73	15130	90	46.44
	11385	75		11105	72		15040	87	
	10485	72		9205	66		14920	84	
51_17	15770	102	98.43	15920	105	82.02	17720	111	88.36
	15620	99		15620	99		17640	108	
	15470	96		15470	96		16390	99	
63_21	17065	108	124.67	17365	108	120.06	23245	126	126.06
	17065	108		17365	108		23125	123	
	16465	105		17035	105		22975	120	
75_25	23150	150	202.64	23450	153	208.53	24050	156	207.78
	23000	147		23150	147		23750	150	
	22850	144		23000	144		23600	147	
87_29	25515	168	318.54	26315	171	353.30	30425	183	360.83
	25215	162		25865	162		30425	183	
	22430	159		25865	162		30095	177	
99_33	28810	192	447.63	30810	198	398.66	33710	204	435.63

续表

算例	原算例			任务资格降低 25%			任务资格降低 50%		
	Z_{2_1}	Z_{2_2}	时间（s）	Z_{2_1}	Z_{2_2}	时间（s）	Z_{2_1}	Z_{2_2}	时间（s）
	28510	186		30360	189		33410	198	
	28360	183		30360	189		33380	195	
Avg.	19919	130	206.19	20570	131	200.55	23835	141	210.85

7.6　本章总结

本章研究了考虑非完全覆盖机场任务指派问题，首先建立多目标的整数规划模型，并通过模型分析和研究问题的特征提出有效不等式。尽管对于小规模算例，使用 CPLEX 求解软件可以求得单目标模型的最优解，但是由于 CPLEX 优化软件无法求解多目标函数模型，同时求解规模十分有限，不能够满足实际运作需求。其次，为了克服这一问题，本章提出一种改进的多目标文化基因算法，结合了改进的遗传算法和用于局部搜索的大邻域搜索过程，并引入基于 Pareto 等级 i_{rank} 和拥挤度距离 $i_{distance}$ 的种群选择操作，解决多目标优化问题中目标间的矛盾。通过与 CPLEX 求解小规模算例结果对比表明建立模型和改进算法的有效性，对于大规模算例也可以在规定时间内求得高质量的近似最优解，说明 IMOMA 求解多目标问题时具有很大的优势。最后，对覆盖率的高低、班次工作时长和任务的资格要求等参数进行灵敏度分析，结果表明不同参数的设置对总效益函数值和资格精通程度差总和的影响都很显著。通过这些算例的测试结果对比，得出具有指导意义的结论，即机场在执行任务指派时可根据自身不同季节的客流量需求，设置不同的参数，从而改善机场的资源利用率，提高服务水平，增强市场竞争力。

第8章 总结与展望

8.1 全文总结

本书研究了航空调度中受扰航班恢复问题和机场任务指派问题，对航空调度中受扰航班恢复问题和机场任务指派问题进行了系统阐述、分析和归纳，分别研究了问题的数学模型及求解算法，通过查阅相关文献可知，虽然针对受扰航班恢复问题的研究有大量的文献，但是在引起航班受扰的假设上，考虑的因素大多是飞机资源短缺和机场关闭，而很少同时考虑飞机需要维修的情况，以及阶段性机场流量控制的模型和考虑空档的受扰航班恢复模型，以上都属于 NP-hard 问题，目前发表的研究方法中，精确算法在实现实时解决大规模问题上还没有能够完全实现；针对机场任务指派问题，任务和班次都具有多种属性，并且采用精确算法的文献少之又少；为解决企业所面临的实际问题，本书分别从问题特性分析、建立数学优化模型、启发式算法和精确算法求解的角度对问题进行了深入研究，希冀研究成果能够为企业的日常调度提供理论支持和实践指导的同时，也能够丰富与航空调度问题相关的理论研究。本书的主要工作如下：

（1）受扰航班恢复问题的改进时空网络算法研究。在求解受扰航班恢复问题的研究中，时空网络算法 Yan and Yang（1996）可对每架飞机的可恢复航线进行寻找，但是随着问题规模变大，在问题求解过程中将会面临巨大的困难，因为飞机可行航班路线的组合数量变的巨大，计算量也随之增大，该算法需要的计算时间远远超过 30 分钟，很难达到航空公司实时控制的要求。

以恢复措施成本最小化为目标函数，采用一种改进的时空网络算法，给出占优准则，有效减少航班路线的组合数量，实现在时间上和空间上对飞机航线跟踪的同时还尽量考虑多种调度策略，包括航班延误、航班取消、维修取消、飞机交换以及最终机场飞机数量不平衡等惩罚措施。在改进的时空网络算法基础上建立数学优化模型并应用 CPLEX 软件进行求解，通过测试航空公司实际算例，表明本书提出的"ITSN"（Improved Time Space Network）算法可以迅速缩减解空间，CPLEX 可以在较短时间内完成建模和求解过程。

（2）考虑阶段性机场流量控制的受扰航班恢复问题优化研究。基于相关文献的建模方式和 Dantzig-Wolfe 分解定理，针对此问题建立集合分割模型的受限制主问题（RLMP）和最短路问题的子问题（SP），在求解方面，为了减少主问题与子问题之间的迭代次数，提高算法的求解效率，通过分析问题的特征，针对该问题的特征构造好的初始解，基于该初始解调用 CPLEX 对主问题进行求解，获得主问题约束条件的对偶变量，这些对偶变量作为简约成本的系数传到子问题（SP）的目标函数中。其次，子问题（SP）的目标是求解最短路，即"带有负权、有附加约束的最短路"，采用一般的动态规划算法求解会大大增加问题的难度和时间，本书采用一种 Multi-Label-Setting Algorithm 求解子问题。最后通过对多种规模算例的测试验证本章所采用精确算法的正确性及效果，并对测试结果进行分析总结。考虑航班间"空档"的受扰航班恢复问题研究，针对该问题分析问题特征，建立整数规划模型，对实际算例求解分析。

（3）基于问题的特征和相关文献的方法，以产生效益最大化为目标，满足任务与班次之间各种约束建立了整数线性规划模型。并用 CPLEX 优化软件对此模型进行求解。基于 Dantzig-Wolfe 分解原理把原问题分解为集合分割模型的主问题和求最短路的子问题。采用分支定价算法（列生成算法和分支定界算法和结合）对分解后的问题精确求解。另外，为了加速列生成算法中子问题的求解速度，提出了先用启发式算法对子问题求解，获得一些高质量的列将其加入到主问题中，当启发式算法求解失败时，再采用 Label Setting Algorithm 对子问题精确求解并根据最优性判别定理判断当前解是否为最优解。结合实际数据对本章建立的模型和提出的算法进行验证分析；同时对影响目标函数值的四个因素：任务数量、班次数量、任务属性和班次工作时长分别进行分析，通过实际算例测试对比，并对测试结果进行分析总结。

（4）随着淡旺季不同以及临时突发状态的发生，机场会出现在某一时间段内任务量剧增而人员严重不足的情况。在该背景下，本书研究考虑非完全覆盖的机场任务指派问题，以效益最大化和资格精通程度差总和最小化为目标，构建了多目标整数规划模型，设计了改进的多目标文化基因算法，并引入基于 Pareto 等级和拥挤度距离的种群选择操作，解决多目标优化问题中目标间的矛盾。在求解过程中，采用实际数据进行测试，并对覆盖率高低、班次工作时长等参数进行灵敏度分析，结果表明不同参数的设置对目标函数的影响很显著。

8.2　研究展望

航空调度问题的研究是一个具有挑战性的工作，本书以多因素不确定环境下受扰航班恢复问题和机场任务指派问题作为研究对象而展开，优化的目标和约束条件都来自于企业的实际需求，采用不同模型和算法对其进行研究，但仍有一些新的问题有待深入研究：

（1）在航空公司的实际恢复计划中涉及多方面的恢复，本书研究的内容只是航空公司运营计划中的一部分，它与机组人员排班、机型分配以及乘客安排等其他的环节紧密相关，因此对于航班恢复问题还需要更加深入的研究，本书研究的内容具有一定的局限性，后期还可以进一步研究，设计出综合的优化方案，提升解的质量。另外，对受扰因素的不确定性在实际运营中经常发生，本书关于受扰航班恢复问题的研究其假设的受扰因素都是确定的、有限的，而不确定的情况更加复杂，也值得深入研究，针对这种情况需要重新构建数学模型、探索高效的启发式求解算法和精确求解算法。

（2）受扰航班恢复问题的优化方法对计算时间的要求非常高，恢复方案满足实时性的要求，除了在传统算法上进行研究外，可以利用并行计算技术提高整个算法的求解效率。另外，还可以探索一些加速技巧，对于大规模的算例，随着求解难度增大，求解时间也随之增加，大于该航空公司实际要求的时间，因此，加速子问题的求解速度或者提高初始解的质量也是进一步的研究内容。

（3）机场任务指派问题的目标函数值是由完成的任务直接产生的，和任务的完成有关系，当班次能够完全执行完这个任务，才会把任务指派给这个班次，否则不会考虑。除了本书给出的目标函数，此外，在实际运营中还可能考虑满足"部分任务覆盖率"所产生的目标函数，因为对于有些任务，它们的工作时长可以灵活调整，只要达到所要求的任务覆盖率的最小百分比即可，也就是说一个任务可以在规定时间点过早或者过晚开始执行，只要完成程度（执行任务的连续时长）达到"部分任务覆盖率"就算此任务可以被执行。因而可根据各机场任务特性，为各机场考虑不同的目标函数结构。

（4）所提出的精确算法在求解现实中较大规模的问题时仍具有一定的难度，可以通过寻找更强的有效不等式及分离算法，来设计更有效的分支切割、分支定价切割等精确求解算法，从而可以求解更大规模的问题。

参 考 文 献

［1］《2020 年民航行业发展统计公报》［EB/OL］．（2021-06-10）［2021-10-12］．http：//wwwg．gov．cn/xinwen/2021-06/10/content_5616880．htm．

［2］国务院关于促进民航业发展的若干意见［EB/OL］．（2012-07-08）［2014-07-12］．http：//www．gov．cn/zwgk/2012-07/12/content_2181497．htm．

［3］盛建军．减少流控是减少航班延误的关键［J］．民航管理，2005，10（108）：64-65．

［4］Abdelghany K F，Abdelghany A F，Ekollu G．An integrated decision support tool for airlines schedule recovery during irregular operations［J］．European Journal of Operational Research，2008，185（2）：825-848．

［5］Acuña-Agost R，Boudia M，Jozefowiez N，et al．Passenger improver-A second phase method for integrated aircraft passenger recovery systems［J］．Tristan VII Triennal Symposium on Transportation Analysis，2010，3（2）：938-945．

［6］Acuña-Agost R，Feillet D，Michelon P，et al．Rescheduling Flights，Aircraft，and Passengers Simultaneously under Disrupted Operations-A Mathematical Programming Approach based on Statistical Analysis［J］．Annual Symposium Porceedings of the Airline Group of the International Federation of Operational Research Societies，2009．

［7］Ahuja，R．K．，Magnanti，T．L．，Orlin，J．B．Network Flows：Theory，Algorithm and Applications．Prentic Hall，Englewood Cliffs，NJ，1993．

［8］Andersson，T，Värbrand，P．The flight perturbation problem［J］．Transportation Planning and Technology，2004，27（2）：91-117．

［9］Argüello M F，Bard J F，Yu G．A Grasp for Aircraft Routing in Response to

Groundings and Delays [J]. Journal of Combinatorial Optimization, 1997, 1 (3): 211-228.

[10] Artigues C, Gendreau M, Rousseau L M, et al. Solving an integrated employee timetabling and job-shop scheduling problem via hybrid branch-and-bound [J]. Computers & Operations Research, 2009, 36 (8): 2330-2340.

[11] Ascó A, Atkin J A D, Burke E K. An analysis of constructive algorithms for the airport baggage sorting station assignment problem [J]. Journal of Scheduling, 2014, 17 (6): 601-619.

[12] Azi, N., Gendreau, M., Potvin, J. Y. An exact algorithm for a vehicle routing problem with time windows and multiple use of vehicles [J]. European Journal of Operational Research, 2010, 202 (3): 756-763.

[13] Bai F, Zhu J F, Gao Q. Disrupted airline schedules dispatching based on column generation methods [J]. Systems Engineering-Theory & Practice, 2010, 30 (11): 2036-2045.

[14] 白凤, 朱金福, 高强. 基于列生成法的不正常航班调度 [J]. 系统工程理论与实践, 2010, 30 (11): 2036-2045.

[15] Baker K. R. Workforce Allocation in Cyclical Scheduling Problems [J]. Journal of the Operational Research Society, 1976, 27 (1): 155-167.

[16] Ball M, Barnhart C, Dresner M, et al. Total Delay Impact Study: A Comprehensive Assessment of the Costs and Impacts of Flight Delay in the United States [J]. Demand, 2010, 13 (4): 348-359.

[17] Ball M, Barnhart C, Nemhauser G, et al. Chapter 1 Air Transportation: Irregular Operations and Control [M]. Handbooks in Operations Research and Management Science. Elsevier B. V. 2007: 1-67.

[18] Bard J, GANGYU, Arguello M. Optimizing aircraft routings in response to groundings and delays [J]. Iie Transactions, 2001, 33 (10): 931-947.

[19] Başak, K., Çağıl, K., Işıl, K., Melis, B. Ö., Bahar, Y. K., Melih, A. G. Flight-Scheduling Optimization and Automation for AnadoluJet [J]. Interfaces, 2016, 46 (4): 315-325.

[20] Berrittella, M. , Franca, L. L. , Zito, P. An analytic hierarchy process for ranking operating costs of low cost and full service airlines [J]. Journal of Air Transport Management, 2009, 15 (5): 249-255.

[21] Bettinelli A, Ceselli A, Righini G. A branch-and-cut-and-price algorithm for the multi-depot heterogeneous vehicle routing problem with time windows [J]. Transportation Research Part C Emerging Technologies, 2011, 19 (5): 723-740.

[22] Bian F, Burke E K, Jain S, et al. Measuring the Robustness of Airline Fleet Schedules [M]. Multidisciplinary Scheduling: Theory and Applications. Springer US, 2005: 381-392.

[23] Bierlaire M, Eggenberg N, Salani M. Column generation methods for disrupted airline schedules [J]. Triennial Symposium on Transportation Analysis, 2007, 314 (1): 200-204.

[24] Bramel J, Simchi-Levi D. On the effectiveness of set covering formulations for the vehicle routing problem with time windows [J]. Operations Research, 1997, 45 (2): 295-301.

[25] Brandão F, and Pedroso J P. Bin packing and related problems: general arc-flow formulation with graph compression [J]. Computers & Operations Research, 2010, 69: 56-67.

[26] Bratu S, Barnhart C. Flight operations recovery: New approaches considering passenger recovery [J]. Journal of Scheduling, 2006, 9 (3): 279-298.

[27] Brucker P, Qu R, and Burke E. Personnel scheduling: Models and Complexity [J]. European Journal of Operational Research, 2011, 210 (3): 467-473.

[28] Burghouwt G, Poort J, Ritsema H. Lessons learnt from the market for air freight ground handling at Amsterdam airport Schiphol [J]. Journal of Air Transport Management, 2014, 41: 56-63.

[29] Camm J D, Magazine M J, Kuppusamy S, and Martin K. The demand weighted vehicle routing problem [J]. European Journal of Operational

Research. 2017, 262（1）：151-162.

［30］ Cao J, Kanafani A. Real-time decision support for integration of airline flight cancellations and delays part I：mathematical formulation ［J］. Transportation Planning & Technology, 1997a, 20（3）：183-199.

［31］ Cao J, Kanafani A. Real-time decision support for integration of airline flight cancellations and delays Part II：algorithm and computational experiments ［J］. Transportation Planning & Technology, 1997b, 20（3）：201-217.

［32］ Chabrier A. Vehicle Routing Problem with elementary shortest path based column generation ［J］. Computers & Operations Research, 2006, 33（10）：2972-2990.

［33］ Chan F T S, Chung S H, Chow J C L, et al. An Optimization Approach to Integrated Aircraft and Passenger Recovery ［M］. Proceedings of the Institute of Industrial Engineers Asian Conference 2013. Springer Singapore, 2013：729-737.

［34］ Cheung A, Ip W H, Lu D. Expert system for aircraft maintenance services industry ［J］. Journal of Quality in Maintenance Engineering, 2005, 9（4）：348-358.

［35］ 陈茂林, 庞明宝, 杨欢. 基于大系统分解协调的 CDM 下不正常航班恢复优化 ［J］. 数学的实践与认识, 2018, 48（3）：30-40.

［36］ Choi E, Tcha D W. A column generation approach to the heterogeneous fleet vehicle routing problem ［J］. Computers & Operations Research, 2007, 34（7）：2080-2095.

［37］ Chu C K, Chan C H. Crew scheduling of flight rail transit in Hong Kong：from modeling to implementation ［J］. Computer & Operations Research, 1998, 25（11）：887-894.

［38］ Clarke M D D. An introduction to the airline recovery problem ［M］. Massachusetts Institute of Technology, 2005.

［39］ Clausen J, Larsen A, Larsen J, et al. Disruption management in the airline industry-Concepts, models and methods ［J］. Computers & Operations

Research, 2010, 37 (5): 809-821.

[40] Dantzig G B, Wolfe P. Decomposition principle for linear programs [J]. Operational Research, 1960, 8 (1): 101-111.

[41] Dayarian I, Crainic T G, Gendreau M. A branch-and-price approach for a multi-period vehicle routing problem [J]. Computers & Operations Research, 2014, 55: 167-184.

[42] Deckwitz T A. Interactive dynamic aircraft scheduling and fleet routing with the out-of-kilter algorithm [M]. Society for Industrial & Applied Mathematics, SIAM, Philadelphia, 1984.

[43] Delorme M, Lori M, Martello S. Bin packing and cutting stock problems: Mathematical models and exact algorithms [J]. European Journal of Operational Research, 2016, 255 (1): 1-20.

[44] Desaulniers G, Desrosiers J, Solomon M M. Column Generation [M]. Springer US, 2005.

[45] Desrochers M, Desrosiers J, Solomon M. A new optimization algorithm for the vehicle routing problem with time windows [J]. Operational Research, 1992, 40 (2): 342-354.

[46] Desaulniers G, Desrosiers J, Dumas Y, et al. Daily aircraft routing and scheduling [J]. Management Science, 1997, 43 (6): 841-855.

[47] Desaulniers G, Desrosiers J, Loachim I, et al. A Unified Framework for Deterministic Time Constrained Vehicle Routing and Crew Scheduling Problems [M]. Spring US, 1998, 57-93.

[48] Desaulniers G, Hadjar A. Tabu Search, Partial Elementarity, and Generalized k-Path Inequalities for the Vehicle Routing Problem with Time Windows [J]. Transportation Science, 2008, 4 (2): 387-404.

[49] Detienne B, Péridy L, Pinson E, Rivreau D. Cut generation for an employee timetabling problem [J]. European Journal of Operational Research, 2009, 197 (3): 1178-1184.

[50] Dožić S, Kalić M, Babić O. Heuristic Approach to the Airline Schedule

Disturbances Problem: Single Fleet Case [J]. Procedia-Social and Behavioral Sciences, 2010, 54 (3): 257-280.

[51] Eggenberg N, Bierlaire M, Salani M. A column generation algorithm for disrupted airline schedules [J]. Transp-Operations Research, 2007, 52 (2): 360-397.

[52] Eggenberg N, Salani M, Bierlaire M. Constraint-specific recovery network for solving airline recovery problems [J]. Computers & Operations Research, 2010, 37 (6): 1014-1026.

[53] Epstein, L., Tassa, T. Vector assignment problems: a general framework [J]. Journal of Algorithms, 2003, 48 (2): 360-384.

[54] Etschmaier M M, Mathaisel D F X. Airline Scheduling: An Overview [J]. Trans portation Science, 1985, 19 (2): 127-138.

[55] Filar J A, Manyem P, White K. How Airlines and Airports Recover from Schedule Perturbations: A Survey [J]. Annals of Operations Research, 2001, 108 (1): 315-333.

[56] Fisher M L. The Lagrangian Relaxation Method for Solving Integer Programming Problems [J]. Management Science, 1981, 27 (1): 1-18.

[57] Fisher M L. An Applications Oriented Guide to Lagrangian Relaxation [J]. Interfaces, 1985, 15 (2): 10-21.

[58] Gang W, Yan J. Improved Column Generation Algorithm for Disrupted Airline Schedules Recovery [J]. Journal of Nanjing University of Aeronautics & Astronautics, 2014, 46 (2): 329-334.

[59] Gao Q, Tang X, Zhu J. Research on Greedy Simulated Annealing Algorithm for Irregular Flight Schedule Recovery Model [M]. Advances in Grey Systems Research. Springer Berlin Heidelberg, 2010: 1469-1475.

[60] Gauvin C, Desaulniers G., and Gendreau, M. A branch-cut-and-price algorithm for the vehicle routing problem with stochastic demands [J]. Computers & Operations Research, 2014, 50 (10): 141-153.

[61] Gershkoff I. Aircraft Shortage Evaluator. Presented at ORSA/TIMS. Joint

national meeting. St. Louis: MO, 1987.

[62] Glover F. Laguna M. Tabu search [M]. eds. Kluwer Academic Publishers, 101 Philip Drive, Assinippi Park, Norwell, Massachusetts 02061, USA. 1998.

[63] Goetschalckx M. Unit load storage systems [M]. In Chapter 2: Warehousing in the Global Supply Chain. Springer, London. 2012.

[64] Gopalan R, Talluri K T. The Aircraft Maintenance Routing Problem [J]. Operations Research, 1998, 46 (2): 260-271.

[65] Guimarans D, Arias P, Mota M M. Large Neighbourhood Search and Simulation for Disruption Management in the Airline Industry [M]. Applied Simulation and Optimization: In Logistics, Industrial and Aeronautical Practice. 2015: 169-201.

[66] Guimarans D, Arias P, Zhao W. A simheuristic approach for solving the Aircraft Recovery Problem with stochastic delays [C]. Metaheuristics International Conference. Barcelona. 2017, 4-7.

[67] Guyon O, Lemaire P, É. Pinson, et al. Cut generation for an integrated employee timetabling and production scheduling problem [J]. European Journal of Operational Research, 2010, 201 (2): 557-567.

[68] Hassan, L. K., Santos, B. F., Vink, J., 2021. Airline disruption management: A literature review and practical challenges. Comput. Oper. Res. 127, 105137.

[69] Hernandez F, Feillet D, Giroudeau R, and Naud O. Branch-and-price algorithms for the solution of the multi-trip vehicle routing problem with time windows [J]. European Journal of Operational Research, 2016, 249 (2): 551-559.

[70] Hu Y, Song Y, Zhao K, et al. Integrated recovery of aircraft and passengers after airline operation disruption based on a GRASP algorithm [J]. Transportation Research Part E Logistics & Transportation Review, 2016, 87: 97-112.

[71] Huang E, Mital P, Goetschalckx M, Wu K. Optimal assignment of airport baggage unloading zones to outgoing flights [J]. Transportation Research Part E, 2016, 94: 110-122.

[72] İbrahim Muter, Ş. İlker Birbil, Bülbül K, et al. Solving a robust airline crew pairing problem with column generation [J]. Computers & Operations Research, 2013, 40 (3): 815-830.

[73] Ip W H, Wang D, Cho V. Aircraft ground service scheduling problems and their genetic algorithm with hybrid assignment and sequence encoding scheme [J]. IEEE Systems Journal, 2013, 7 (4): 649-657.

[74] Irawan C A, Song X, Jones D, and Akbari N. Layout optimisation for an installation port of an offshore wind farm [J]. European Journal of Operational Research, 2017, 259 (1): 67-83.

[75] Jarrah A I Z, Yu G, Rishnamurthy N K, et al. A Decision Support Framework for Airline Flight Cancellations and Delays [J]. Transportation Science, 1993, 27 (3): 266-280.

[76] Jay M R. Topics in airline operations [D]. Industrial and systems engineering, Georgia Institute of Technology, 2001.

[77] Jedlinsky D C. The effect of interruptions on airline schedule control [M]. Massachusetts Institute of Technology, 1967.

[78] Jiang Y, Xu X, Zhang H, et al. Taxiing Route Scheduling between Taxiway and Runway in Hub Airport [J]. Mathematical Problems in Engineering, 2015, 2015 (1): 1-14.

[79] Jozefowiez N, Mancel C, Mora-Camino F. A heuristic approach based on shortest path problems for integrated flight, aircraft, and passenger rescheduling under disruptions [J]. Journal of the Operational Research Society, 2013, 64 (3): 384-395.

[80] Kohla N, Larsenb A, Larsenc J, et al. Airline disruption management— Perspectives, experiences and outlook [J]. Journal of Air Transport Management, 2007, 13 (3): 149-162.

［81］ Kuno T. A Finite Branch-and-Bound Algorithm for Linear Multiplicative Programming ［J］. Computational Optimization & Applications，2001，20 （2）：119-135.

［82］ 李雄，刘光才，颜明池，张玮. 航班延误引发的航空公司及旅客经济损失 ［J］. 系统工程，2007，25 （12）：20-23.

［83］ Lee, J., Marla, L., Jacquillat, A., 2020. Dynamic disruption management in airline networks under airport operating uncertainty. Transp. Sci. 54 （4），973-997.

［84］ Liang Z, Chaovalitwongse W A. The Aircraft Maintenance Routing Problem ［M］. Optimization and Logistics Challenges in the Enterprise. 2009：327-348.

［85］ Liang Z, Xiao F, et al. A column generation-based heuristic for aircraft recovery problem with airport capacity constraints and maintenance flexibility, Transportation Research Part B, 2018，113：70-90.

［86］ 刘德刚. 航空公司实时飞机和机组调配问题的研究 ［D］. 中国科学院数学与系统科学研究所，2002.

［87］ Løve M, Sørensen K R, Larsen J, et al. Using heuristics to solve the dedicated aircraft recovery problem ［J］. Central European Journal of Operations Research, 2005，13 （2）：34-46.

［88］ Luca D G., Johannes G, Guy K. The minimum shift design problem ［J］. Annals of Operations Research, 2003，155 （1）：79-105.

［89］ Luo S, Yu G., On the airline schedule perturbation problem caused by the ground delay program ［J］. Transportation Science, 1997，31 （4）：298-311.

［90］ 马正平. 机场航班延误优化模型 ［J］. 清华大学学报 （自然科学报），2004，44 （4）：474-477.

［91］ Maher S J. Solving the Integrated Airline Recovery Problem Using Column-and-Row Generation ［J］. Transportation Science, 2016，50 （1）：216-239.

［92］ Maher S J. A novel passenger recovery approach for the integrated airline recovery problem〔J〕. Computers & Operations Research, 2015, 57: 123-137.

〔93〕 Mansi R 1. Disruptions in the airline industry: math-heuristics for re-assigning aircraft and passengers simultaneously〔J〕. European Journal of Industrial Engineering, 2012, 6 (6): 690-712.

〔94〕 民航总局消费者事务中心. 航空运输消费者投诉情况统计分析〔J〕. 中国民用航空. 2004. 3-2005. 3.

〔95〕 民航资源网:2017 年全国民航摘要运输指标统计: http://news. carnoc. com/list/430/430757. html.

〔96〕 Mou D, Zhao W. An Irregular Flight Scheduling Model and Algorithm under the Uncertainty Theory〔J〕. Journal of Applied Mathematics, 2013, 35 (2): 485-503.

〔97〕 Nagraj B, Richard T W. A network model for the rotating workforce scheduling problem〔J〕. Networks, 1990, 20 (1): 25-42.

〔98〕 Norin A, Granberg T A, Yuan D, Värbrand P. Airport logistics—a case study of the turn-around process〔J〕. Journal of Air Transport Management, 2012, 20 (3): 31-34.

〔99〕 Padrón S, Guimarans D, Ramos J J, et al. A bi-objective approach for scheduling ground-handling vehicles in airports〔J〕. Computers & Operations Research, 2016, 71: 34-53.

〔100〕 Patriarca R, Gravio G D, Costantino F. Assessing performance variability of ground handlers to comply with airport quality standards〔J〕. Journal of Air Transport Management, 2016, 57 (1): 1-6.

〔101〕 Petersen J D, Sölveling G, Clarke J P, et al. An Optimization Approach to Airline Integrated Recovery〔J〕. Transportation Science, 2012, 46 (4): 482-500.

〔102〕 Ponboon S, Qureshi A G, Taniguchi E. Branch-and-price algorithm for the location-routing problem with time windows. Transportation Research Part E, 2016, 86: 1-19.

［103］ Quesnel F, Desaulniers G, Soumis F. A new heuristic branching scheme for the crew pairing problem with base constraints ［J］. Computer & Operations Research, 2017, 80: 159-172.

［104］ Rajagopal C T. A metaheuristic approach for solving the airline maintenance routing with aircraft on ground problem ［C］. International Conference on Logistics and Operations Management. IEEE, 2014: 48-52.

［105］ Rosenberger J M, Johnson E L, Nemhauser G L. Rerouting Aircraft for Airline Recovery ［J］. Transportation Science, 2003, 37 （4）: 408-421.

［106］ Sarhani M, Ezzinbi O, Afia A E, et al. Particle swarm optimization with a mutation operator for solving the preventive aircraft maintenance routing problem ［C］. International Conference on Logistics Operations Management. IEEE, 2016: 1-6.

［107］ Schaefer A J, Johnson E L, Kleywegt A J, et al. Airline Crew Scheduling under Uncertainty ［J］. Transportation Science, 2005, 39 （3）: 340-348.

［108］ 沙永全. 航空公司服务质量问题的成因分析 ［J］. 标准科学, 2005 （7）: 34-36.

［109］ Shavell Z A. The Effects of Schedule Disruptions on the Economics of Airline Operations ［M］. The Riccati equation, Springer-Verlag, 1991: 76-79.

［110］ Soukour A A, Devendeville L, Lucet C, et al. A Memetic Algorithm for staff scheduling problem in airport security service ［J］. Expert Systems with Applications, 2013, 40 （18）: 7504-7512.

［111］ 孙宏. 航空公司飞机排班问题: 模型及算法研究 ［D］. 西安交通大学, 2003.

［112］ Soukour A A, Devendeville L, Lucet C, et al. Staff scheduling in airport security service ［J］. IFAC Proceedings Volumes, 2012, 45 （6）: 1413-1418.

［113］ Soykan B, Erol S. An Optimization-Based Decision Support Framework for Robust Airline Crew Pairing Process ［J］. Anticancer Research, 2016, 33

(33): 241-247.

[114] Sinclair K, Cordeau J F, Laporte G. Improvements to a large neighborhood search heuristic for an integrated aircraft and passenger recovery problem [J]. European Journal of Operational Research, 2014, 233 (1): 234-245.

[115] Sinclair K, Cordeau J F, Laporte G. A column generation post-optimization heuristic for the integrated aircraft and passenger recovery problem [J]. Computers & Operations Research, 2016, 65: 42-52.

[116] Sriram C, Haghani A. An optimization model for aircraft maintenance scheduling and re-assignment [J]. Transportation Research Part A Policy & Practice, 2003, 37 (1): 29-48.

[117] Stojković G, Soumis F, Desrosiers J, et al. An optimization model for a real-time flight scheduling problem [J]. Transportation Research Part A Policy & Practice, 2002, 36 (9): 779-788.

[118] Tam B, Ehrgott M, Ryan D, et al. A comparison of stochastic programming and bi-objective optimisation approaches to robust airline crew scheduling [J]. Or Spectrum, 2011, 33 (1): 49-75.

[119] 唐小卫, 高强, 朱金福. 不正常航班恢复模型的贪婪模拟退火算法研究 [J]. 预测, 2010, 29 (1): 66-70.

[120] Taş D, Tüzün D. Solving a robust airline crew pairing problem with column generation [J]. Computer & Operations Research, 2013, 40: 815-830.

[121] Terrab M, Paulose S. Dynamic strategic and tactical air traffic flow control [C]. International Conference on Systems, Man and Cybernetics. IEEE, 1992 (1): 243-248.

[122] Teodorović D. Airline operations research [M]. Gordon and Breach Science Publishers, 1988.

[123] Teodorović D, Guberinić S. Optimal dispatching strategy on an airline network after a schedule perturbation [J]. European Journal of Operational Research, 1984, 15 (2): 178-182.

[124] Teodorović D, Stojković G. Model for operational daily airline scheduling

[J]. Transportation Planning & Technology, 1990, 14（14）：273-285.

[125] Teodorović D, Stojković G. Model to reduced airline schedule disturbances [J]. Journal of Transportation Engineering, 1995（4）：324-331.

[126] Teodorović D, Guberinić S. Optimal dispatching strategy on an airline network after a schedule perturbation [J]. European Journal of Operational Research, 2007, 15（2）：178-182.

[127] Thani N A, Ahmed M B, Haouari M. A model and optimization-based heuristic for the operational aircraft maintenance routing problem [J]. Transportation Research Part C, 2016, 72：29-44.

[128] Thengvall B G, Bard J F, Yu G. A bundle algorithm approach for the aircraft schedule recovery problem during hub closures [J]. Transportation Science, 2003, 37（4）：392-407.

[129] Thengvall B G, Yu G, Bard J F. Multiple fleet aircraft schedule recovery following hub closures [J]. Transportation Research Part A：Policy and Practice, 2001, 2001（35）：289-308.

[130] Thengvall B G, Bard J F, Yu G. Balancing user preferences for aircraft schedule recovery during irregular operations [J]. Iie Transactions, 2000, 32（3）：181-193.

[131] Thengvall B G, Bard J F, Yu G. A Bundle Algorithm Approach for the Aircraft Schedule Recovery Problem During Hub Closures [J]. Transportation Science, 2003, 37（4）：392-407.

[132] 田晓东. 如何提高航班运作的正常性 [J]. 中国民用航空, 2004, 8：23-25.

[133] 田振才, 都业富. 民航航班延误成本的上升趋势 [J]. 中国民用航空, 2004, 10：60-62.

[134] Toffolo T A M, Wauters T, Malderen S V. Branch-and-bound with decomposition based lower bounds for the Traveling Umpire Problem [J]. European Journal of Operational Research, 2015, 250（3）：737-744.

[135] Tommy C. A Rule-Based Local Search Algorithm for General Shift Design

Problems in Airport Ground Handling［J］. Transportation Engineering Journal, 2010, 35（6）: 189-199.

［136］ Tung Kuan Liu, ChiRuey Jeng, YuHern Chang. Disruption Management of an Inequality-Based Multi-Fleet Airline Schedule by a Multi-Objective Genetic Algorithm［J］. Transportation Planning & Technology, 2008, 31（6）: 613-639.

［137］ Uğur Arıkan, Sinan Gürel, M. Selim Aktürk. Integrated aircraft and passenger recovery with cruise time controllability［J］. Annals of Operations Research, 2016, 236（2）: 295-317.

［138］ Uğur Arıkan, Sinan Gürel, M. Selim Aktürk. Flight Network-Based Approach for Integrated Airline Recovery with Cruise Speed Control［J］. Transportation Science, 2017, 51（4）: 505-522.

［139］ Vacca I, Salani M, Bierlaire M. An exact algorithm for the integrated planning of berth allocation and quay crane assignment［J］. Transportation Science, 2013, 47（2）: 148-161.

［140］ Vanderbeck F. Computational study of a column generation algorithm for bin packing and cutting stock problems［J］. Mathematical Programming, 1990, 86（3）: 565-594.

［141］ Vink, J., Santos, B. F., Verhagen, W. J., Medeiros, I., 2020. Dynamic aircraft recovery problem-an operational decision support framework. Comput. Oper. Res. 117, 104892.

［142］ Visentini M S, Borenstein D, Li J Q, et al. Review of real-time vehicle schedule recovery methods in transportation services［J］. Journal of Scheduling, 2014, 17（6）: 541-567.

［143］ Vos H W M, Santos B F, Omondi T. Aircraft Schedule Recovery Problem— A Dynamic Modeling Framework for Daily Operations［J］. Transportation Research Procedia, 2015, 10: 931-940.

［144］ 吴刚, 严俊. 不正常航班恢复的一种改进的列生成算法［J］. 南京航空航天大学学报, 2014, 46（2）: 329-334.

［145］徐肖豪，李雄．航班地面等待模型中的延误成本分析与仿真［J］.南京航空航天大学学报，2006，38（1）：115-121.

［146］谢进一．上海航空公司运行控制体系研究［D］.南京航空航天大学，2006.

［147］Yan S, Lin C. Airline Scheduling for the Temporary Closure of Airports［J］. Transportation Science, 1997, 31（1）：72-82.

［148］Yan S, Tu Y P. Multifleet routing and multistop flight scheduling for schedule perturbation［J］. European Journal of Operational Research, 1997, 103（1）：155-169.

［149］Yan S, Yang D H. A decision support framework for handling schedule perturbation［J］. Transportation Research Part B Methodological, 1996, 30（6）：405-419.

［150］Yan S, Yong H. A decision support framework for multi-fleet routing and multi-stop flight scheduling［J］. Transportation Research, Part A：Policy and Planning, 1996（30）：379-398.

［151］Yan C, Kung I. Robust aircraft routing. Transportation Science, 2018, 52（1）：118-133.

［152］杨欢，庞明宝，吴维．基于动态环境的机场航班实时调度优化研究．数学的实践与认识，2017，47（1）：63-69.

［153］Yen J W, Birge J R. A Stochastic Programming Approach to the Airline Crew Scheduling Problem［J］. Transportation Science, 2006, 40（1）：3-14.

［154］Yu G, Qi X. Disruption Management：Framework, Models and Applications［M］. World Scientific Publishing Company Incorporated, 2004.

［155］Yu G, Thengvall B G. Airline Optimization［M］. Encyclopedia of Optimization. 2000.

［156］Yu G, Arguello M, Song G, McCowan S, White A. A New Era for Crew Recovery at Continental Airlines. Interfaces, 2003, 33（1）：5-22.

［157］Zamorano E, Stolletz R. Branch-and-Price approaches for the Multiperiod

Technician Routing and Scheduling Problem [J]. European Journal of Operational Research, 2017, 257 (1): 55-68.

[158] Zeren B, Özkol I. A novel column generation strategy for large scale airline crew pairing problems [J]. Expert Systems with Applications, 2016, 55 (C): 133-144.

[159] Zegordi S H, Niloofar J. Solving the Airline Recovery Problem By Using Ant Colony Optimization [J]. International Journal of Industrial Engineering, 2010, 21 (3): 121-128.

[160] Zhao X, Guo Y. An improved GRASP for irregular flight recovery [C]. International Conference on System Science and Engineering. IEEE, 2012: 465-469.

[161] 赵正佳. 航空公司机组排班计划研究 [J]. 运筹与管理, 2011 (6): 106-113.

[162] 赵秀丽, 朱金福, 郭梅. 不正常航班延误调度模型及算法 [J]. 系统工程理论与实践, 2008, 28 (4): 129-134.

[163] Zhang C. Two-stage heuristic algorithm for aircraft recovery problem [J]. Discrete Dynamics in Nature and Society, 2017, 1-12.

[164] Zhang D, Lau H Y K H, Yu C. A two stage heuristic algorithm for the integrated aircraft and crew schedule recovery problems [J]. Computers & Industrial Engineering, 2015, 87 (C): 436-453.

[165] Zhang D, Lau H Y K. A Rolling Horizon Based Algorithm for Solving Integrated Airline Schedule Recovery Problem [J]. 2014, 2: 332-337.

[166] Zhang D, Yu C, Desai J, Lau H. A math-heuristic algorithm for the integrated air service recovery [J]. Transportation Research Part B: Methodological 2016, 84: 211-236.

[167] 周志忠. 飞行运行控制实时优化研究 [D]. 北京航空航天大学, 2001.

[168] Zhu B, Clarke J P, Zhu J. Real-Time Integrated Flight Schedule Recovery Problem Using Sampling-Based Approach [J]. Journal of Computational & Theoretical Nanoscience, 2016, 13 (2): 1458-1467.

［169］朱金福. 航空运输规划 ［M］. 西安：西北工业大学出版社，2009.

［170］Zhou L，Liang Z，Chou C，Wanpracha A C. Airline planning and scheduling：Models and solution methodologies. Frontiers of Engineering Management，2020，7（1）：1-26.